英格瓦·坎普拉德传

孙 逊◎著

时代文艺出版社

图书在版编目（CIP）数据

英格瓦·坎普拉德传 / 孙逊著. —长春：时代文艺出版社，2015.12（2023.7重印）
（世界商业名人传记丛书）
ISBN 978-7-5387-4844-4

Ⅰ.①英… Ⅱ.①孙… Ⅲ.①坎普拉德—传记 Ⅳ.①K835.325.38

中国版本图书馆CIP数据核字（2015）第210562号

出 品 人　陈　琛
责任编辑　孟宇婷
装帧设计　孙　利
排版制作　隋淑凤

本书著作权、版式和装帧设计受国际版权公约和中华人民共和国著作权法保护
本书所有文字、图片和示意图等专有使用权为时代文艺出版社所有
未事先获得时代文艺出版社许可
本书的任何部分不得以图表、电子、影印、缩拍、录音和其他任何手段
进行复制和转载，违者必究

英格瓦·坎普拉德传

孙逊 著

出版发行 / 时代文艺出版社
地址 / 长春市福祉大路5788号　龙腾国际大厦A座15层　邮编 / 130118
总编办 / 0431-81629751　发行部 / 0431-81629755
官方微博 / weibo.com / tlapress　天猫旗舰店 / sdwycbsgf.tmall.com
印刷 / 北京市一鑫印务有限公司
开本 / 710mm×1000mm　1 / 16　字数 / 144千字　印张 / 12
版次 / 2015年12月第1版　印次 / 2023年7月第3次印刷　定价 / 36.00元

图书如有印装错误　请寄回印厂调换

目录 Contents

序言　只做了一天的"世界首富" / 001

第一章　梦想起飞的地方
　1. 5岁的梦想家 / 002
　2. 卖火柴的小男孩儿 / 004
　3. 小货郎的全家总动员 / 006
　4. 像成年人那样对待他 / 009
　5. 家族中两个出色的女人 / 011

第二章　诞生在厨房里的家具帝国
　1. 瑞典社会成就了宜家 / 018
　2. 悲情的埃里克叔叔 / 022
　3. 诞生在厨房里的宜家 / 024
　4. 在哥德堡商学院的日子 / 026
　5. 教会坎普拉德砍价的人 / 028

第三章　锁定家具市场
　1. 从牛奶车里看到商机 / 032
　2. 进军家具领域 / 034
　3. 全新的营销策略 / 036
　4. 发行量超过《圣经》的小册子 / 038
　5. 没有人能够永远成功 / 041

第四章　逆水行舟　迎难而上

1. 改变游戏规则 / 046
2. 来自同行的疯狂排挤 / 048
3. 长着七个脑袋的怪兽 / 051
4. 媒体的关注 / 052
5. 反败为胜 / 056

第五章　波兰——宜家的第二故乡

1. 遇到命运的转折点 / 060
2. 给工厂注入新鲜血液 / 062
3. 波兰危机 / 064
4. 波兰以外的世界 / 066
5. 从冰原小镇一路走来 / 068

第六章　宜家与中国

1. 价格优势的挫败 / 072
2. 宜家为中国而改变 / 076
3. 浪漫电梯间 / 081
4. 春节营销计划 / 083
5. 全面进入中国市场 / 085

第七章　经营快乐的宜家

1. 传奇从库根科瓦开始 / 090
2. 一场大火后的凤凰涅槃 / 092
3. "热狗"经营技巧 / 097
4. 宜家永不上市 / 101
5. 宜家的"移家" / 102

第八章　做老百姓买得起的家具

1. 家具面前人人平等 / 108
2. 小桌腿引发的大事件 / 111
3. 你才是宜家的主人 / 113

4. 宜家的人文关怀 / 116

5. 宜家，让改变发生 / 121

第九章　宜家的世界　世界的宜家

1. 把公司当成家的老板 / 126

2. 宜家的所有权构成 / 130

3. 宜家龙世界 / 133

4. 产品才是硬道理 / 136

5. 坎普拉德和他的朋友们 / 140

第十章　江湖中关于他的传说

1. 吝啬的酒徒 / 150

2. 坎普拉德的家庭 / 156

3. "一生中最大的错误" / 161

4. 坎普拉德素描像 / 168

5. 没有坎普拉德的后宜家时代 / 171

附　录

坎普拉德生平 / 176

坎普拉德年表 / 179

序言

只做了一天的"世界首富"

坎普拉德是何许人也？知道他的人很少很少。或许你要说，坎普拉德，我当然知道，他不就是那个在2004年个人资产超过比尔·盖茨成为新世界首富的老头？

是的，2004年4月5日，瑞典传出一条轰动世界的新闻：英格瓦·坎普拉德个人资产已达到530亿美元，超过了比尔·盖茨的470亿美元，成为新世界首富。

但是，请等等，先别急着点头，你只了解其中的一部分。此消息刚一传出，这个曾经鲜为人知的老头立刻成为了世界各大媒体争相报道的焦点以及人们街头巷尾的谈资。可就在第二天，媒体又爆出了一条更加轰动的新闻：坎普拉德成为世界首富纯属谣言，因为他已经把相当一部分股权捐赠给了荷兰的斯地延英格卡基金会，因此，对坎普拉德个人资产的统计完全不正确。对此，世界各大媒体再次展开了新一轮的讨论，坎普拉德仅仅在世界首富的位子上坐了一天，就"光荣下岗"了。

然而，这样的新闻只是轰动一时，没有多少人记得那个差一点"干掉"比尔·盖茨的人，依然没有多少人知道坎普拉德是谁。但是，如果说起宜家家居（IKEA），几乎没有人会不知道。截至2010年8月底，宜家在全球38个国家和地区开设商场，其中26个国家和地区的280家商场属于宜家集团旗下。每年印刷量高达1亿本的IKEA商品目录，收录有大约12000多件商品，号称发行量已经超过了《圣经》。

没错，这就是宜家，以"提供种类繁多、美观实用、老百姓买得起的家具用品"为经营理念。对于一个销售行业的企业所能提供的商品，"种类繁多、美观实用"这一点很容易做到，"老百姓买得起"这一点也很容易做到，要同时做到这两点，却有些难度，因为这就意味着其产品既要高品质，又要低价位。想要高品质，生产成本势必会提高，那么零售价格自然"水涨船高"，这样的高端产品，并不是普通老百姓能够享受的；而大多"老百姓买得起"的商品，品质一般都达不到国际一流水准。

宜家做到了。有爱的企业，才能够战胜一切。

每次走进宜家商场，那五彩斑斓的世界、舒适温馨的氛围、富有创意的小玩意儿，让你一进去就爱上了那里，想不买点什么都难。特别是主妇们走进宜家商场，看看这，摸摸那，似乎想把那里所有的东西都搬回家。宜家将有形的"家具"变成无形的"家居"理念，把购买家具变成了"体验家居"。看惯了"非买勿动"的牌子，到了宜家，你不必小心翼翼，蹑手蹑脚，宜家商场里的东西，你可以随便摸，随便看，你甚至可以在一张自己喜欢的大圆床上舒舒服服地睡上一觉！

英格瓦·坎普拉德便是宜家之父。应该说，坎普拉德经营的不是家具，而是生活。

宜家帝国的创始人坎普拉德，5岁时成为"卖火柴的小男孩儿"，随后贩卖各种小生活用品；17岁用父亲送的生日礼物创办了属于自己的公司，取名"宜家"，2002年坎普拉德成为瑞典首富；20世纪70年代，坎普拉德带领宜家走向国际，这就是宜家帝国的崛起之路。

但是，坎普拉德本人，那个曾经被评为世界首富的人，却以"抠门"而著称。他不仅在宜家的经营策略上提倡节约成本，即使是个人生活，也向来节俭。坎普拉德很少穿西装，他经常开着自己那辆已经开了二十几年的沃尔沃轿车，在下午比较便宜的时间段去市场买菜；他会在中国的秀水街，为了一条100块钱的裤子而讨价还价；他搭乘飞机只坐经济舱，并且要求宜家的全体员工都这么做。说不定哪一天你乘坐飞机时，身边坐着的一位穿着简朴的老头，就是宜家帝国的创始人坎普拉德。

宜家在用爱、用心经营着企业，经营着生活。迄今为止，宜家家居已经创立68个年头，它正在用自己的方式向着"百年企业"一步一步迈进。英格瓦·坎普拉德，这个只做了一天的世界首富，最初做生意确实是为了体验赚钱的乐趣，但是金钱对于他没那么重要，他只是在经营一种快乐的生活方式。

第一章 梦想起飞的地方

关于梦想，人们总会有着各种各样的描述，尤其是一个人5岁时的梦想，多半会被人嘲笑为"不靠谱"。有多少人会为自己儿时的梦想付诸行动呢？或许有人认真努力去做了，但是走着走着就偏离了最初的轨道，转个弯，那个年轻时的梦就不见了。谁能为了梦想拼尽全力付出一次？谁又能为了曾经的梦想一如既往地执著？别说现实太残酷，别说人生太无常，只要认准了最初的方向一直走下去，就能够让梦飞翔！

1. 5岁的梦想家

5岁时你在干什么？

过家家、扒沙堆儿、和泥巴……充分发挥着儿童的天性，除了淘气还是淘气。

更多的人已经想不起来自己5岁的时光，因为还没有一件具有足够影响力的事情来促成回忆。那是个被我们称之为"童年"的美好时代，无忧无虑，无所事事。

也有些人的5岁与众不同，他们在某一方面展现出了特殊的才能，在某个领域里总是有一些奇思妙想，并能做出小小的成绩。他们或许就是被称之为"天才"的那一类人，比如坎普拉德。5岁的坎普拉德就已经有了经商的意识，并且成功地赚到了"第一桶金"——"卖火柴的小男孩儿"由此得名。

或许这"第一桶金"相对于真正意义上的创业启动资金而言有些少得可怜，但是，不要忘了这"第一桶金"的主人，才年仅5岁。

等等，我看到你在皱眉了，你觉得我在给你讲一个或美丽或哀伤的"童话"故事吗？

当然不！这是一个真实的故事，一个关于梦想、关于人生的故事……

故事发生在一个叫做斯马兰的小镇上。5岁的坎普拉德在这里过着无忧无虑的生活。他像其他同龄的孩子一样，聪明淘气，活泼好动，并没有什么特别，如果把他和几个孩子放在一起，你并不能一眼就把他认出来。

刚刚到了上学的年纪，坎普拉德在镇上的一所小学读书。教学楼外边有一课老树，坎普拉德经常和小伙伴们在树下玩耍，教室里那台老旧的留声机传出沙哑的声音的时候，他们就伴着音乐声翩翩起舞。

坎普拉德喜欢和很多小朋友在一起，课余的自由活动时间里，他就和小朋友一起去河里捉鱼或虾，每到这时，小坎普拉德就会表现得异常活跃和兴奋。为了抓到小虾，他敢下到河中比较危险的地方去，所以每次都收获颇丰。

虽然捉到了最多的鱼虾，麻烦也随之而来了，要怎样才能把自己的"战果"带走呢？装在罐子里实在太显眼了，一定会被老师骂的，丢掉又太可惜。怎么办呢？

聪明的坎普拉德有办法——他把鱼虾装在了牛仔裤的裤兜里，这样既可以把它们带走，又不会被老师发现！于是，在校园里，大家就看到了一个走路姿势十分别扭、裤子上不停往下滴水的小男孩儿。等小坎普拉德终于走回教室了，兜里的鱼虾都被捂臭了。邻桌的同学会抱怨鱼虾的腥味，坎普拉德也并不反驳，只是憨憨傻傻地一笑，以此表示歉意。

这只是坎普拉德的一件童年轶事。其实关于童年，每个人都有说不完的话题，如果让你讲童年的故事，或许你能讲上一天一夜！

坎普拉德也有着丰富多彩的童年，特别是在这个偏远的斯马兰小镇上，童年的乐趣要比城市里的孩子们多。应该说，坎普拉德的童年时代，家中虽然不算富裕，但是在家人的辛勤劳作下，他也算衣食无忧。

2. 卖火柴的小男孩儿

或许天才都需要一个机会才能显露出来，又或许每一个成功的天才都懂得发现和把握机会，如果没有5岁时的那笔交易，坎普拉德或许就被湮没在芸芸众生之中，也就没有后来的宜家王国。

5岁那年的一天，坎普拉德一个很好的玩伴奥格拉找到他，想让他陪自己去买几盒火柴，坎普拉德欣然接受。买火柴要到很远的商店去，起初，两个小伙伴一路上边走边玩，走走停停，也没觉得累，可是走着走着，就感到疲惫了。

两个小朋友决定坐在路边休息一下再走。

奥格拉抱怨着："这真是太远了，为了区区几盒火柴，我们要走这么远的路。如果谁能卖给我火柴，我宁愿多花一些钱去购买，也不想再走了。"

小坎普拉德想了想说："或许我可以帮到你，你真的愿意多花些钱来买火柴吗？"

"当然！"

坎普拉德之所以会这样问，是因为他家里正好有多余的火柴。于是他决定把自己家的火柴卖给奥格拉。奥格拉因为可以很快完成任务还不用走那么远的路而感到很高兴，于是这笔交易顺利地达成了。

这就是坎普拉德人生中的"第一桶金"，它甚至不能用"桶"来形容，因为卖火柴的利润实在是太微薄了。对于坎普拉德来讲，这第一次"做生意"的意义不在于他得到了一笔多余的零花钱，而是收获了帮助朋友的快乐。

小坎普拉德想："我的朋友需要火柴又不愿意走太远的路，一定还有许多像我朋友一样的人，我可以满足他们的需求。"就这样，坎普拉德成了一个"卖火柴的小男孩儿"。

起初，坎普拉德采用抬高价格的方式来贩卖火柴，后来他发现，从斯德哥尔摩大量批发火柴，成本会更低廉。于是，他请婶婶在斯德哥尔摩为自己购买了100盒火柴，再以比较低廉的价格卖给邻居们，这样，虽然一盒火柴的利润变低了，但是火柴的销量更好了。

随着买火柴的人逐渐增多，坎普拉德又想到了一些事情：我为什么只卖火柴呢？一定有人需要更多的东西！

于是，坎普拉德向邻居贩卖火柴的同时，还会询问人家是否需要别的生活用品或者有其他需求，他将其一一认真记下后，总会想方设法地弄到。就这样，坎普拉德贩卖的东西越来越多，从钢笔到眼镜、针线盒等小物件无所不包。

不仅如此，坎普拉德还学会了"节日营销"：万圣节的时候，坎普拉德会售卖各种小南瓜灯及糖果；复活节的时候，他会为邻居们准备好复活节彩蛋；情人节当然是坎普拉德卖玫瑰花的日子。每当圣诞节将要到来的时候，也是坎普拉德最忙碌的时候，他会卖圣诞帽、小铃铛、圣诞袜以及各式各样的圣诞小装饰。邻居们都很喜欢这个还不到10岁的"小小杂货郎",也都愿意光顾坎普拉德的生意。

童年的"从商"经历,让坎普拉德很早就总结出了一套自己的"生意经",那就是:从降低成本入手,以低廉的价格批量进货,然后再以比较低廉的价格卖给顾客,单个商品利润虽然微薄,但是销量可观。这也正是未来宜家的经营理念:"提供种类繁多、美观实用、老百姓买得起的家具用品。"

5岁就开始做生意,我们是否可以就此认定坎普拉德是一个生意天才呢?当然,我们没有必要把坎普拉德的成功归功于"天才",但可以肯定的是,5岁起,坎普拉德已经奠定了自己的从商之路。

看到这里,有的读者可能会认为坎普拉德幼年经商源自于贫穷,只有贫穷才会让人产生对金钱的无比渴望。然而,事实并不是这样的。

坎普拉德出生在并不贫穷的家庭里,也就是说,坎普拉德并不是为了摆脱贫困才立志创业的。当坎普拉德第一次"售卖商品"的时候,他就爱上了销售,确切地说,他爱上了说服对方购买自己商品的这个过程。交易不仅仅能够带来金钱,还能带来自己和别人的快乐,还有什么能比这更让人兴奋的吗?

做一个贩卖快乐的人,这便成了年仅5岁的坎普拉德的梦想。

3. 小货郎的全家总动员

每一个成功的人都善于抓住机会并懂得利用机会。上帝把机会平均分给每一个人,不偏不倚,只是有的人没有把握住机会,有的人甚至没有意识到机会的存在，却总是一味地抱怨上帝不公平。其实，上帝面前人人平等，机会面前也是一样。坎普拉德5岁那年陪小伙伴去买火柴，这是上帝赐予坎普拉德的机会；坎普拉德想到将自己家的火柴卖给朋友，他抓住了机会；从这第一次交易中，他总结出了低价买高价卖的交易原则，从此做起了"火柴生意"，他利用了机会；从卖火柴到卖各种小的生活用品，他延伸了机会。

当然，5岁的坎普拉德总结不出什么"机会理论"，他只是体会到了一种快乐，一种帮助别人的快乐，一种赚钱的快乐。他想让这种快乐延续，于是他将自己的"生意"越做越大，最后发展成为"宜家"王国。应该说，坎普拉德的成功，首先源自于对生活的敏感和热爱。他太熟悉他的生活环境和周围的人了，他知道他们一定需要胸衣、眼镜、牙刷等等，因为他也是他们当中的一员，他也同样需要它们，这是生活中必备的物品。

没有谁能仅凭一个人的力量获得成功，坎普拉德也不例外。如果没有家人的支持和帮助，或许坎普拉德经商的路不会走得如此长远；如果没有冰原小镇上的人们的淳朴和热情，或许坎普拉德的经商梦，刚刚起飞，便已夭折。

在坎普拉德开始卖火柴的时候，他曾请求婶婶帮忙在斯德哥尔摩大批量购买成本更加低廉的火柴，婶婶欣然前往却拒绝接受坎普拉德付给自己的邮费。这使得小坎普拉德贩卖火柴的利润又多了一些。从坎普拉德开始做生意的第一天起，奶奶就成了他最忠实的顾客，无论坎普拉德贩卖什么物品，奶奶都会买上一两件，不管自己是否能够用得着。在奶奶去世后，家人整理她的遗物时发现了一个小黑箱子，打开箱子一看，里边全都是诸如钢笔、圣诞卡片之类的小物件——这都是奶奶从坎普拉德手中购买的。为了方便坎普拉德到处进货和售卖自己的商品，母亲送给他一辆自行车，这成为了坎普拉德最得力的"助手"，每天，坎普拉德都要骑着自行车走很多地方，也让他因此能每天多卖出很多东西。

这辆自行车伴随坎普拉德很多年，直到11岁那年，坎普拉德将一批树的种子贩卖给一家农场，从中获得很大的利润。坎普拉德用这笔钱给自己买了一辆新的自行车和一台打字机，才让母亲送的自行车"光荣卸任"。

我们说坎普拉德性格活泼好动，那是后来的事。5岁以前的坎普拉德甚至自闭的倾向。他会在一群陌生的小朋友当中不知如何自处；他从不主动和别人说话，对周围的事物也漠不关心；如果你主动去和他说话，他也是问什么答什么而不会和你进一步交谈。

妈妈很早就发现坎普拉德性格上的缺陷，并有意识地去改变他。她尽量让小坎普拉德和很多小伙伴一起玩耍，无论任何场合，在不影响别人的情况下，她都要求坎普拉德不要有心理负担地大声讲话。每当需要向邻居借东西的时候，她都让坎普拉德去借。

在母亲的培养和锻炼下，坎普拉德的性格渐渐发生了变化，他开始不那么沉默寡言了，也喜欢经常和小朋友们一起玩耍了。后来的坎普拉德，甚至更愿意跟亲密的伙伴"腻"在一起，据他后来回忆说，他年少时最快乐的时光，就是跟朋友们"疯"上一整天，到了晚上就留在朋友家里，和朋友挤在一张床上头挨着脚睡在一起。

坎普拉德出生的那个叫做斯马兰的小镇上，生活着一群可爱的人们，他们的生活并不像都市生活那样繁华，简单而快乐，通过辛勤劳作，他们也能让自己的日子过得丰衣足食。如果不是邻居们的信任，坎普拉德的交易又怎能完成？试想，有谁愿意购买一个不满10岁的孩子所卖的商品？

小镇上的人们给了坎普拉德足够的信心和勇气。他们没有把坎普拉德的行为当成一个小孩子的胡闹，而是很认真地接纳了他，大家都愿意购买这个"小货郎"的商品。正因如此，坎普拉德才能完成他的少年梦，而没有在开始时举步维艰。

这也是坎普拉德后来如此怀念和眷恋自己的家乡的原因之一，他本就是一个恋家的人，无论走多远，这个来自斯马兰的汉子，始终都记得自己曾经在冰原小镇上生活的点点滴滴。后来宜家餐饮部的成立，从某种角度说，就是源自于坎普拉德的思乡情结。

4. 像成年人那样对待他

随着时间的推移，坎普拉德的生意也日渐庞大，采购量增加了，他的货物也越来越多。家成了他的储物间和办公室，到处都堆满了货物，可是家人并没有因此烦恼、抱怨，而是给了他尽可能多的帮助。

坎普拉德的父亲帮着他记账，顺便也帮助他打理一下生意，是坎普拉德最得力的"助手"，母亲则负责照顾他的日常起居，是坎普阿拉德最贴心的"秘书"，此时的坎普拉德，俨然成为小小"董事长"。

在坎普拉德10岁的时候，为了扩大"经营"范围，他曾向父亲借过90克朗，这在当时可是一笔数目不小的钱。试想，一个年仅10岁的孩子，向大人借一笔"巨款"，无论他想干什么，多半都会遭到拒绝。

坎普拉德的父亲并没有那样做，他像对待一个成年人那样，很认真地询问了坎普拉德为什么借钱以及准备如何支配这笔钱，不仅如此，得知坎普拉德的想法后，他还以成年人的眼光和经验帮助坎普拉德分析了事情可能会出现的问题。当然，他给予了坎普拉德充分的肯定，把钱借给了坎普拉德。事实证明，坎普拉德也的确没有令父亲失望。

坎普拉德的舅舅也给予了他很大的帮助。舅舅经营着一家很大的商店，坎普拉德曾在舅舅的商店做过一名销售员。舅舅并没有像"小少爷"那样将坎普拉德"供养"起来，而是真的给他安排事情做，和其他店员一样算绩效，一样发工资。小坎普拉德很认真地完成舅舅交给他的每一项任务。

坎普拉德后来回忆说："就是从那时起，我迷上了销售这个行当，不太清楚除了赚钱以外，对一个小男孩儿来说还有什么更强的动力。那是一种惊喜，当你发现自己能够如此便宜地买进各种东西，然后再以稍高一点的价格卖出时，你就会感到这种惊喜。"

给孩子充分的自由和更多的选择，这是外国人对小孩子的教育理念。我们总结坎普拉德家人对待他的态度，概括起来，有两个字最为贴切，就是"平等"。

所有人都没有把坎普拉德当成一个小孩子来看待，坎普拉德做每一件事，大人们都会很认真地与之交流，比如坎普拉德做生意的时候，大家也会和他讨价还价，也会因为嫌他的卖价太高放弃购买，而不会因为坎普拉德是一个小孩子，就一味地迁就或者是嘲讽和不屑。这让坎普拉德得到了成长和进步，并且，很快地悟出了一套"生意经"，为他日后的成功打下了良好的基础。

在中国，如果你在5岁时，在家里并不贫穷的情况下去卖火柴，你会被认为是在胡闹,并且也不会有人愿意购买一个5岁小孩儿手中的火柴,他们或许更愿意走很远的路。而一个跨国企业的诞生,可能就在家长们的"冷嘲热讽"下,被扼杀在了摇篮中。

因为家人对坎普拉德无条件的支持,让坎普拉德对"家"有着一份深深的依恋。当坎普拉德创办起宜家公司以后,他也把公司当成家那样去经营,甚至公司越做越大,已经成为集团企业的时候,坎普拉德依然把公司当成家,把公司的每一位员工都当成自己的儿女或者姐妹弟兄。"拥抱式管理哲学"油然而生。

5. 家族中两个出色的女人

在坎普拉德的家族中,有两个出色的女人,可以说,这两个女人改变了坎普拉德一生。坎普拉德后来之所以能够创立宜家并使宜家走向世界,和奶奶无条件的支持及母亲的潜移默化的影响是分不开的。

坎普拉德的奶奶芬妮·弗兰西斯卡是一个聪明的女人,她勇敢、坚毅、果断,同时也有着女人的细心、温柔。弗兰西斯卡深深地爱着坎普拉德的爷爷阿契姆。可是,两个人的出身阻碍了他们在一起。

阿契姆的家庭,在当地可以算作贵族阶层,而弗兰西斯卡,只是一个小商贩的女儿,最重要的是,她还是个私生女。由于社会地位的差异,弗兰西斯卡和阿契姆的爱情没能得到家人的认可。阿契姆的父亲怎么都不允许儿子和这样一个女人在一起。

家人的阻拦并没有让两个人放弃。在一切劝说和努力全都宣告失败之后,他们做了一个大胆的决定——私奔。

首先，他们选择了瑞典一个叫做斯马兰的小地方。那里比较偏僻，离家较远，不容易被家人找到。他们并没有盲目地出行，而是为以后做了充分的准备。临走之前，他们用邮购的方式，买下了当地的一片森林。

经过一路的艰难跋涉，阿契姆和弗兰西斯卡来到了他们以后将要定居的地方。斯马兰并没有带给他们惊喜——这是一片贫瘠的土地，随处可见的砾石和沙粒显示着这里的荒凉和落寞。阿契姆和弗兰西斯卡两个人对这里十分失望，但是，他们发现一个现象：这里尽管贫穷，但是人们都很勤劳，凭着这份吃苦耐劳的韧劲儿，冰原上的人们生活不富裕，也丰衣足食。

"别人都能生存，我们也能！"一股豪情壮志顿时涌上了夫妇二人的心头，他们决定从头开始，在这片土地上生根、发芽。

初来乍到的新鲜感让两个人热血沸腾，他们立刻投入到了新生活当中。那片林场成了两个人唯一的生活来源。

应该说，对于园林知识，阿契姆是了解的，他的父亲曾是省内著名的林业专家，阿契姆在瑞典时，也接受过园林方面的正规教育。但是，由于刚刚踏上这片陌生的土地，他们所面对的一切都要从头开始，没有人把路给你铺好了，让你可以平坦地走过去，所有的事情都需要靠自己来完成。

现实与想象总是存在差距的。虽然当时信誓旦旦地想要经营好自己的林场，但是冰原生活枯燥乏味，并且，对于林场的经营和管理，阿契姆只是流于理论而没有任何实践经验，经营起来相当困难也相当劳累，于是，他开始怀念起从前的贵族生活。

没过多久，阿契姆干脆把自己当成了这里的"主人"。最初的一段时间里，由于妻子的耐心劝导，阿契姆还能把心思全部用到林场上。渐渐地，阿契姆就厌倦了辛苦的劳作和单调、无聊的生活，他开始流连于附近的小酒吧，经常喝得烂醉如泥。他想用酒精麻痹自己，让自己不去想生活的艰辛。

阿契姆整日沉湎于醉生梦死的生活中不能自拔，他也终于为自己的迷茫和堕落付出了惨痛的代价——他们所生活的阿根瑞纳地区的银行拒绝了一笔对他们而言十分重要的贷款，这几乎等于断了他们全家的后路，这件事情对阿契姆的打击非常大，他彻底绝望了。

回到家以后，阿契姆深情地望了一眼自己生活过的这个新家，拿起枪，先打死了自己最心爱的一条猎犬，然后饮弹自尽了。就这样，坎普拉德的爷爷结束了自己悲剧而短暂的人生。或许是命运的轮回，亦或许是遗传基因在作祟，若干年后，阿契姆的二儿子——坎普拉德的埃里克叔叔，最终也走上了和父亲同样的道路。

所有人都以为，这个家毁了，因为家里的顶梁柱倒了。谁也没有想到，阿契姆年轻的妻子弗兰西斯卡，一个人带着两个儿子和一个女儿，在这个陌生的土地上毅然决然地挑起了生活的重担。

弗兰西斯卡勤奋、努力地工作着，为了生活奋斗着，尽管这里的人们把她们一家人看成是入侵者——因为这里的生产资料实在贫乏，人们在这有限的资源里生活，也就更加懂得保护自己所拥有的东西，他们不容许任何人与自己争夺。当初阿契姆和弗兰西斯卡刚来到这片土地上的时候，他们就表现出了不友好的态度，经常给予他们一家人尖酸刻薄和冷漠的态度。

是弗兰西斯卡的韧劲感染了冰原上的人们，毕竟在这闭塞的荒原上生活的人们是淳朴、善良的。弗兰西斯卡赢得了邻居们的尊敬和肯定，渐渐转变了大家对她的态度。就这样，弗兰西斯卡让自己和家人在这片土地上扎根了。

弗兰西斯卡是一个有些"专横"的人，她对小孙子坎普拉德却有些偏爱。别的孩子犯错误了，奶奶会严厉地批评，即使是父辈们也不例外，小坎普拉德犯了错误，她则能够耐心地去劝导；无论家里有什么好吃的，奶奶总会给坎普拉德留出来一些，生怕小孙子吃不到；如果坎普拉德和小朋友打架，那么受袒护的一定是坎普拉德——即使犯错误的是自己的孙子。

坎普拉德还记得有一次，学校刚发的笔记本被他弄湿了，于是他把笔记本放在院子里晾晒。过了一会儿，坎普拉德想要取回笔记本时发现，一只老母鸡正在踩踏和啄食自己的本子，这使坎普拉德非常生气，他立刻满院子追赶老母鸡，老母鸡玩命地跑，最终还是没能逃脱坎普拉德的"魔掌"，他抓住了老母鸡的脖子，并想要拧断它。

这一幕正好被坎普拉德的父亲撞见了，父亲非常愤怒，追着小坎普拉德要惩罚他，院子里又开始了新一轮的追逐，那场景真是鸡飞狗跳。吵闹的声音惊动了正在厨房做饭的奶奶，奶奶发现坎普拉德有"危险"，着急地喊道："坎普拉德，快跑！快跑！"最后，坎普拉德扑进奶奶的怀里，奶奶一边搂着坎普拉德还一边唠叨着："看谁敢动我的小孩子！"

坎普拉德的奶奶对他格外疼爱，但是也带给他一些负面的影响。

奶奶弗兰西斯卡由于和爷爷私奔来到瑞典而被迫离开了德国，二战爆发后，奶奶更无法回到故乡。为了寄托对故乡的思念，奶奶经常给坎普拉德讲述捷克人如何欺负德国人的故事，这让小坎普拉德记忆很深刻，在他幼小的心灵中，亲德倾向开始萌芽，那时的坎普拉德还无法分辨是非，他只是本能地同情弱者——被欺负的人一定是好人。

由于和奶奶的亲密关系,坎普拉德曾一度崇拜过"伟大的希特勒叔叔",他认为"希特勒叔叔"为奶奶的亲戚做了很多好事。也正因为受到奶奶这方面的影响,坎普拉德曾在政治上迷失过方向,甚至使宜家一度陷入危机。不过坎普拉德的坦诚,使宜家员工团结一致,最终大家共同度过了宜家史上那个最艰难的时刻,为宜家日后的稳定发展奠定了坚实的基础。

如果说奶奶给了坎普拉德生意上无条件的支持,那么坎普拉德性格中那份坚韧、沉着、永不妥协、永不服输的精神,则遗传自母亲。正是具备了这样的品行,宜家在任何艰难的时期,坎普拉德都不曾放弃过。

坎普拉德的母亲波尔塔·尼尔森是当地最大也是最有名的商店老板的女儿。波尔塔善良而富有才华,在她嫁给坎普拉德的父亲英格瓦·费奥多以后,很快便发现他的生意一团糟,家里的经济状况也每况愈下。为了全家人的生计不出现困境,波尔塔开始经营客房业,收入状况还算良好,费奥多也没有反对波尔塔这么做——他们那时确实很需要钱——但是也没有投入太多的热情。在母亲的维持下,家里的生活还算过得去。

波尔塔和婆婆弗兰西斯卡之间的关系却有些紧张。

在当时的农场里,人们每年都要宰杀一次牲口,然后把肉分给大家。每次宰杀牲口,奶奶弗兰西斯卡都要亲自监督,她把最新鲜的肉给自己留下,其余的全部分给雇主和一些亲戚们。奶奶有一个古怪的习惯,就是将新鲜的肉腌制起来再冻上保存,不吃完以前剩下的肉绝对不动新鲜的肉,这样,剩余的肉吃完了,新肉也变得不新鲜了,所以坎普拉德总也吃不到新肉。

奶奶会把冻肉分给大家吃,母亲总是分到保存时间最长的肉,因为腌制的时间过长，每次吃之前，都要用水浸泡很长时间，即使这样，那肉吃起来还是很咸。

不知道坎普拉德的奶奶为什么不太喜欢自己的这个儿媳妇，或许两个都很优秀又很强势的女人在一起，会产生一种天然的排斥吧，就像"一山不容二虎"，虽然两个人也能够保持和谐相处，但是注定不能够像亲生母女那样亲密无间。

波尔塔生性乐观、开朗，她不会让一件事情长时间困扰自己，和婆婆之间的关系不会让波尔塔十分难过。并且她是那么聪明能干，她凭着自己卓越的管理才能，很快便赢得了大家的喜爱，即使身处婆婆的阴影下，她也没有改变自己幽默、豪爽的性格。

应该说，波尔塔是坎普拉德家里默默无闻的英雄，她用自己的宽容和慈善来对待"不太友好"的婆婆，因为她是自己丈夫的母亲；她用精明的生意眼光打理客房，使全家人的生活不至于陷入"经济危机"。但是，这个对生活充满热情的女人没有真正享受过一天女主人的滋味，她在50岁之前得了癌症，53岁的时候终于被病魔夺去了年轻的生命，那时坎普拉德27岁。坎普拉德后来建立的癌症研究基金会，就是以母亲的名字命名的。

第二章 诞生在厨房里的家具帝国

从第一次开始做生意，坎普拉德就体会到了一种前所未有的快乐——帮助别人的快乐，说服别人的快乐，赚钱的快乐。而坎普拉德不仅仅满足于一个"小小杂货郎"的快乐。时机成熟，为什么不创办宜家公司来承载更多的快乐？有很强的行动能力的人，往往不会安于现状，他们有办法将想法变成现实。乡下一个卖杂货的小伙子，17岁的年龄，积累了12年的从商经验，在叔叔家简陋的厨房里，谁都不会想到，一个日后纵横世界的家具帝国，就这样诞生了。

1. 瑞典社会成就了宜家

没有任何一家企业能够脱离国家的大背景而独立存在。国家的局势和正在发生的大事件，直接影响企业的发展，比如战争。如果一个国家正在发生战争，那么对企业最直接的影响可能是亏损甚至破产。战争对国家的消耗是惨烈和惊人的，如果这场战争发生在世界范围内，那么就会引起整个世界经济的大萧条。第二次世界大战便是如此。

1939年9月1日，德国对波兰不宣而战，点燃了第二次世界大战的战火。作为战争主战场，欧洲各国一度被轴心国所控制，世界上61个国家和地区先后被卷入到了这场可怕的战争中，瑞典在5年左右的时间里，始终处于纳粹德国的包围圈当中，却奇迹般地没有遭到被占领的厄运。那么瑞典是怎样在纳粹的铁蹄之下保持中立的呢？

　　封建时期的瑞典是一个非常强势的国家，它凭借强大的经济、军事实力，曾延续了一个半世纪的对外战争，成为波罗的海一霸——瑞典也是一个有侵略野心的国家。在1699年－1721年间，瑞典与波兰、丹麦、俄国组成了3国联盟，进行北方大战，瑞典战败，从此国势逐渐衰退，从波罗的海霸主地位上跌落下来。

　　早在1780年，瑞典就与俄国、丹麦签订联合武装中立同盟，这是瑞典调整对外战略的一个转折点，从此瑞典拒绝任何国家与之结盟。在第一次世界大战期间，瑞典依然坚挺地保持着中立，在世界上树立了永久中立国的形象。

　　1939年，第二次世界大战打响，瑞典依然中立。它的政策很简单：绝不参与战争，不管代价有多高。在战争爆发的头7个月中，瑞典损失了40余艘商船。此前德国和英国都承诺不干涉瑞典的国内事务，但是战争中的承诺，又有什么约束力可言呢？

　　德国占领了丹麦和挪威以后，很快就封锁了瑞典的贸易线，而英国则因为对物资的急需，冒险飞跃德国战区，到瑞典去空运战争所需的滚珠和轴承。

　　当战争袭来，没有哪一个国家可以置身事外。瑞典作为中立国，在二战初期也饱尝了战争之苦。慢慢的，瑞典开始调整对外政策。

　　当纳粹国家在战争中处于优势地位的时候，瑞典开始作出一点一点的让步，不仅向德国提供战争所需的物资，并且允许德国取道瑞典去侵略邻国——这已经违背了《中立法》中的规定。当战争开始进入转折期，瑞典的政策又作出了调整，它取消了之前所作出的一系列让步，并削减了对德国提供的战备物资。

瑞典在二战中的做法我们暂且不做评论，有一点是可以肯定的：瑞典的做法不仅保全了自己国家的土地的完整，也保全了本国人民的利益，使其成为当时为数不多的能够让本国经济持续发展的国家之一。

或许你可以说，瑞典的做法太自私，只考虑了本国人民的利益而牺牲邻国。但是，换一个角度想想看，如果瑞典真的严守《中立法》，邻国就能免遭纳粹的蹂躏吗？战争是不讲人道的。全世界人民都已经处在水深火热之中了，如果哪一个国家的人民能够免受战争之苦，未尝不是一件好事。

虽然瑞典成为了动荡年代中的一片净土，但是生活在这里的人们无时无刻不感受到战争的危机，他们不知道战争的触角是否会延伸到瑞典，不知道战争还会扩大到什么范围，更不知道这样的战争什么时候才能结束。瑞典在战时保持中立，但是其对纳粹德国是放行的，也就是说，德国军队可以取道瑞典去攻打任何一个国家，因此，生活在瑞典的人们，经常能看到一列列的德国军队从门前经过，那种肃杀的气息并不让人们觉得快乐。

对于生活在偏远郊区的人们，这种影响似乎小了很多。坎普拉德生活在斯马兰小镇上，家人的关爱给了他足够的安全感，他周围的人们也都闲散、安逸，他们需要生存，更需要妥帖地安排自己的生活，因此，坎普拉德有时间也有机会去拓展自己的生意。如果在城市中起步，战争让人们充满焦虑感，坎普拉德的从商之路或许也会夭折。

安逸的生活让坎普拉德能够更好地经营自己的事业，而战争所带来的思想上的狂热，他始终处于忙忙碌碌的兴奋状态中，不仅仅是坎普拉德，当时的每个青年人似乎都是如此，因为他们怀揣梦想，想要用自己的双手去打造一个新世界。为了这个梦想，他们不停地追求，一旦有了机会，就会拼命努力地抓住。特别是在战争结束之后，人们迫切地想要重建家园，那么到处寻找机会和救国道路的人就更多。

人的内因决定心事物的发展状态，外因同样不可忽视。有战就有和，有破才能立。战争摧毁了一个世界，有人为了生存逃到另一个世界，有人为了理想创造一个世界。

活着才是大前提，只有活着，才能更好地生活。二战中，瑞典成了世界上最宁静的国家，许多饱受战争之苦的人和家园完全被毁的人逃到了瑞典，这也给瑞典带来了机遇。

瑞典在战争中依然能够推进自己的现代化进程，瑞典国内没有遭受侵略，也没有受到战火的纷扰，因此，瑞典完整地保存了自己先进的生产设备。要知道，那些处在战争中的国家，几乎已经成为了一片废墟，民不聊生，更不要说现代化生产。瑞典社会的总体状况是向前发展的，瑞典本国的经济没有受到他国的影响，他们的文化没有因为战争而断裂或者改变。

战争中的繁荣使战后的瑞典呈现了百花齐放的状态，各行各业都涌现出了明星企业，并且由于市场环境的不稳定和不规范，有的企业趁机瞬间崛起，成为行业内的龙头老大。无论如何，这些都是对社会经济发展有益的现象。

城市现代化进程的不断推进，带来的一个最直接的影响是，城市的人口迅速增多，而乡村的人口却在减少，再加上瑞典因中立而得到的宝贵的宁静，让世界各地生活在战争漩涡中的人们纷纷涌向瑞典城市。人多了，住房自然就会增多，那么，与之相关的一系列物资都成了必需品，比如建筑房屋所需的建材。有了房屋就一定要购买家具，特别是年轻人，他们对生活品质的追求更使得对家具的需求与日俱增。

这一切成就了宜家，战争中"保持中立"的瑞典推动了宜家前进的步伐。在时代的大背景下，宜家家居正一步一个脚印地向家居帝国扎实地迈进。

2. 悲情的埃里克叔叔

1943年的春天，17岁的坎普拉德要去哥德堡商学院读书，此时，他的生意已经越做越大，贩卖的商品包罗万象，一个人的"兜售"已经不足以支撑起这么大的一份"产业"，需要成立一家公司迫在眉睫。聪明的坎普拉德怎能不清楚这个道理，于是在去商学院上学之前，坎普拉德决定创办一家属于自己的公司。

在当时的瑞典，未满18周岁的公民想要创办公司，需要监护人的签字。坎普拉德在遭到父亲拒绝后，找到了自己的叔叔埃里克。

埃里克叔叔是一个出色的林务员和渔夫，他在年轻的时候，有着同所有年轻人一样对生活的热情和梦想，他渴望到外面的世界去看一看、闯一闯。但是这个想法遭到了弗兰西斯卡——坎普拉德的奶奶的拒绝。

无奈，埃里克在母亲强烈的反对下，只能继续留在农场。后来，埃里克遇到一位从德隆来的银行出纳员，他被这位姑娘的温婉、善良所打动，两个人相爱了，在相处一段时间之后，他们的感情迅速升温，已经到了谈婚论嫁的阶段，出纳员要求埃里克和自己一起到她的家乡去，而埃里克也愿意同心上人长相厮守，但是，这个想法再一次遭到了母亲的反对，母亲要求埃里克必须留在农场。

孝顺而懦弱的埃里克被迫答应了母亲的要求，他的爱情也随之无疾而终。这件事情看似就这样过去了，但是对埃里克的打击非常大。半路夭折的爱情让埃里克从此日渐消沉，他失去了往日的热情，做任何事情都显得无精打采，终于在一个阳光明媚的午后，埃里克不堪抑郁心情的压迫，拿起手枪对准了自己的头颅，走上了同坎普拉德爷爷同样的道路。

或许是父亲的做法使埃里克受到了影响，让他对生活更加绝望，亦或许是他从父亲身上看到了生命的另一种形式，总之，埃里克用这种方式结束了自己年轻的生命。

其实母亲对埃里克还是爱着的，埃里克的枪法非常好，经常能够在野外打回一些诸如野鸡、野鸭之类的猎物。母亲虽然并不是一个好厨师，但是对于儿子狩猎回来的东西，她都会亲自下厨料理。或许正是对埃里克这个儿子爱得更多，加之她性格中德国人特有的专横的元素，使她一定要强迫儿子留在自己的身边。应该说，丈夫和儿子都以自杀的方式结束了生命，对这个老人的打击是非常大的，但也从另一个侧面表现出坎普拉德奶奶的坚强和隐忍。

当然，这些都是后话。此时的坎普拉德，正坐在埃里克叔叔家的厨房里，高谈阔论着自己创办公司的"野心"。

3. 诞生在厨房里的宜家

　　17岁的坎普拉德找到住在阿根瑞纳德村的埃里克叔叔的时候，埃里克正忙着处理自己手头上的事情。坎普拉德把自己创办公司的想法告诉叔叔后，叔叔并没有像其他的家人那样立刻表现出反对的情绪，他甚至还有一丝感动，因为他了解坎普拉德家族的血统，他自己就是坎普拉德家族的一员，他们都有一颗不安分的心，他们愿意为自己的梦想付出实际行动。当时，埃里克叔叔可能也想到了自己曾经的梦想，他或许希望自己未完成的梦想能在小坎普拉德身上实现。

　　当得知坎普拉德的想法后，他放下手中所有的活计，请坎普拉德到自己家的厨房坐定后，亲自给他煮了一杯咖啡，然后缓缓地说："孩子，说说你的具体想法。"坎普拉德看到叔叔竟然没有反对，顿时来了精神，把自己的想法向叔叔仔仔细细地阐述了一遍。埃里克听了，冷静地思考了一会儿，答应了坎普拉德的请求。后来称霸家具世界的宜家就在这个小小的厨房中诞生了。

　　当时，坎普拉德将公司命名为宜家（IKEA），是将人名和地名的第一个字母合并了起来，"I"是英格瓦（Ingvar），"K"是坎普拉德（Kamprad），"E"是他出生的农场艾姆瑞特（Elmtaryd），"A"（Agunnaryd）是叔叔居住地阿根瑞纳德。坎普拉德和叔叔一起，将创办公司所需的相关资料及10克朗邮寄给了郡议会。当这一切都办妥之后，坎普拉德的心情才渐渐平静了下来。

在那不久之后，坎普拉德收到了公司经营的许可证，他的愿望实现了，坎普拉德拥有了自己的公司。

或许你会觉得这是一个商业奇迹，一个17岁的男孩儿创办了一家公司，这听上去确实有些激动人心。因为17岁的年龄还只是一个少年。坎普拉德最初将想要创办公司的想法告诉父亲，父亲反对的理由之一，也是坎普拉德的年龄。此外还有一个原因，就是按照瑞典的法律规定，18岁以上就可以注册公司。坎普拉德已经17岁了，即使真的要创办公司，也不在乎再多等一年。

但是对于坎普拉德而言，别说一年，即使是一分钟，他也不愿意多等。他是一个行动能力极强的人，有了想法之后，他会马上想办法将想法变成现实。我们之所以有很多人没能实现自己的梦想，是因为他只停留在"想"的阶段，"梦，想成真"，想想而已。不付诸行动，梦想就永远只是个梦。

坎普拉德创办公司不是突发奇想，而是经过几年时间的沉淀和历练。从5岁到17岁，12年的时间已经让坎普拉德深谙生意经。前文中提到过，随着坎普拉德的杂货生意越做越大，他一个人已经很难驾驭来自四面八方的客户需求，创办公司便水到渠成。坎普拉德不是一个盲目行事的人，他做事心思缜密并喜欢思考。正因为如此，他才能够使宜家一步一步走向强大。

有了12年的经商经历，可以说是经验丰富，因此，他想要创办公司，绝对不是一时冲动，而是经过深思熟虑的，并且，随着生意越做越大，他也确实需要一家公司作为载体。那为什么不能再多等一年？坎普拉德认为没有必要，既然时机已经成熟了，就没有必要再浪费一年的时间，再说，一年之内会出现什么变故谁也说不清。

坎普拉德马上就要到哥德堡商学院去学习了，在学校里学习理论知识，自己创办公司正好可以实践，这样就做到了理论与实践相结合。出于以上种种原因，坎普拉德一定要马上就把自己的公司成立起来，事实证明，他的做法是正确的。

4. 在哥德堡商学院的日子

在哥德堡商学院的日子，让坎普拉德的一生受益匪浅。如果没有这段时间的历练，宜家或许也不能发展成如今的规模。

坎普拉德很注重理论与实践相结合，相比时下许多大学生要么放弃学业去经商，要么坐在教室里死读书、读死书，为了考各种证而苦苦背书，坎普拉德的学习方法要有效得多。他坚持要在上学之前把公司创立起来，也是为了把学习到的理论知识付诸实践。

坎普拉德最喜欢的一门课程就是国民经济，艾瓦·桑德本教授精彩的教学内容和授课方式，让本来对销售就十分感兴趣的坎普拉德更加迷恋上了市场营销。一切对生意有帮助的知识，坎普拉德都想要获取。通过在哥德堡商学院的学习，营销的理念在坎普拉德的心中根深蒂固，他也从那些理论知识中总结出了一套适合宜家的营销方法：如何用最直接的方法与顾客形成最有效的沟通，这是坎普拉德在哥德堡商学院里最大的收获。

坎普拉德在学习之余，经常去逛商店，他不是为了购物，而是为了从中观察商家是如何做生意的。

有一次，坎普拉德逛到一家鞋店，看到这家店的鞋盒是一盒一盒摞在一起的，一直摞到天花板，顾客想要买什么样的鞋子，找起来十分麻烦。如果恰巧顾客需要的鞋子在最上面一层的鞋盒里，店主要借助梯子爬上去拿，如果是在最下面的一层，则更糟糕——那需要把上面所有的鞋盒子搬下来，拿好后再重新摞回去；如果不巧碰到一位容易变卦的顾客，那么店主就要来回折腾好几遍。

店主人就这样爬上爬下地穿梭于一堆鞋盒子中间。坎普拉德立刻就发现了这其中的问题：既耗费了人力，又浪费了时间，使办事效率大大降低。正是以这个小小的鞋店为反面教材，在以后宜家的经营中，所有物品都以展出式销售，消费者可以自行拿取，省时省力，既方便了顾客，又轻松了自己，省去了许多不必要的麻烦。

除了商学院的教室，坎普拉德最喜欢去的地方就是图书馆了，他求知的欲望是那么的强烈，他想要获得更多教学以外的知识。

有一天，坎普拉德在图书馆读书的时候，偶然间在一张报纸上看到了一条信息，那是一家英国的钢笔厂商想要在瑞典招聘代理商的广告。或许一个如此不显眼的招商广告，对别人来说是没有吸引力的，谁看报纸的时候，会去关注一个豆腐块大小的广告呢？但是坎普拉德不肯放过任何一个机会，他想了一会儿，用蹩脚的英文给那家钢笔制造厂写了一封信，从此，宜家就成为了那家钢笔厂的瑞典总代理。直接从制造商那里进货，省去了许多中间环节，这是节约成本最好的方法之一。

虽然他在读书，但是宜家的生意从没中断过。

自来水笔是宜家成立以来的第一桩大买卖。坎普拉德以十分低廉的价格进口自来水笔，然后利用课余时间四处奔波，并且刊登广告，办理邮购业务，兜售自来水笔。经过他的不断努力，自来水笔的销量直线上升。

坎普拉德还从匈牙利进口了一种新发明的油笔，他卖到60克朗一支，这在当时几乎是天价了。但是这种笔卖得并不好，于是，坎普拉德在它降价之前用邮购的方式处理掉了上千支，虽然没有赚到太多的钱，但是也没让自己蒙受损失。在该降价的时候绝不犹豫，这是坎普拉德的处事原则。

5. 教会坎普拉德砍价的人

每一个成功人士，在他成长的道路上都会有那么几个影响其一生的人，这个人可能是亲人，可能是良师益友，也可能是竞争对手。冈纳便在坎普拉德的生命中扮演着竞争对手的角色。

可以毫不夸张地说，坎普拉德将生意做到了世界各地，虽然经营的只是一些小商品，也要控制成本，因此，哪里能以更低的价格进到货物，坎普拉德就奔向哪里。他向一家英国自来水笔制造厂购进自来水笔；到丹麦的一个小作坊买入价格更加低廉的手电筒；从芬兰的一家工厂购进便宜的台灯。坎普拉德跑遍瑞典附近的国家，只为用最低的价格购买到最好的商品。

坎普拉德听说奥斯陆有一款手表比别的地区便宜，就决定从奥斯陆买进手表。有一段时间，瑞典政府禁止进口，但坎普拉德已经收到了大量的客户订单，这可急坏了他，如果从本地购进手表，不仅款式与订单上的不符，成本也会大幅度增加。就在坎普拉德急着想办法的时候，阿尔佛斯塔的冈纳告诉坎普拉德，自己有一些库存手表可以卖给他，款式与坎普拉德之前买进的一样，于是，坎普拉德兴致勃勃地赶到阿尔佛斯塔。

在办公室里，坎普拉德见到了冈纳，一个约50岁的中年男人。坎普拉德告诉冈纳，他只要20只手表。冈纳想了想说："由于你只要20只，数量实在太少了，我只能卖给你55克朗一只。"坎普拉德无法支付这么高的费用，他开始打起了"同情牌"。坎普拉德对冈纳说："55克朗一只，我真的支付不起，我只是一个刚刚创业的年轻人，我有梦想，渴望成功，希望你能够帮帮我。"

冈纳看到坎普拉德说得如此真诚，渐渐地改变了主意，他说："好吧，既然你这样说，我想我能够帮到你，我也希望你能成为一个出色的商人。这样吧，我卖给你52克朗一只。"52克朗，坎普拉德想了想，利润微薄，还是勉强可以接受。坎普拉德同意了52克朗一只的价钱，就这样，他们达成了这笔交易。

在坎普拉德临走的时候，冈纳叫住了他，冈纳对他说："年轻人，你这样是无法成为一个成功的商人的。我刚开始给你55克朗，你觉得支付不起，我给你52克朗，你就勉强接受了。你为什么不试试50克朗呢？记住，年轻人，不到最后，你永远也不要放弃更低的价格。"

坎普拉德记住了这一次的教训，也记住了冈纳的话，从此坎普拉德学会了如何砍价。

时至今日，"抠门"已经成为坎普拉德一个有代表性的符号，即使在宜家逐渐强大之后，坎普拉德成为了亿万富翁，他在做生意时也不会忘了砍价，他早已经习惯了在对方将要起身离开的时候再问上一句："能否再便宜点了？"

第三章 锁定家具市场

当事物发展到一定程度，就会发生改变，不进则退，这几乎是自然规律，不会有什么是永远停滞不前的。当宜家一步步扩张、壮大的时候，连坎普拉德都没有意识到，是时候让宜家有一个具体的定位了，因为此前，宜家依然经营着各种生活用品，衣食住行无所不包。直到有一天，坎普拉德将目光定格在了家具市场，于是，宜家进入了它全速成长的春天。

1. 从牛奶车里看到商机

坎普拉德走到哪里，就把生意做到哪里。他在农场主协会做办公室职员的时候，发现办公室里的人经常使用一种文件夹，并且更换速度较快，因为文件要连着文件夹一起送走。这一发现马上触动了坎普拉德的那根"生意神经"，他依照自己最熟悉的法子，用低价大量买进文件夹，再以不算太高的价格卖给办公室负责采购的人。这笔交易的利润，远远超过了坎普拉德在那工作的薪金所得。

最初的时候，宜家公司只有坎普拉德一个人，他既是公司的老板，又是员工。随着生意越做越大，坎普拉德的压力也越来越大，一个人已经无法胜任如此繁多的业务。于是，坎普拉德第一次在报纸上刊登了招聘广告。这是一件很小的事，却是宜家历史上的一个转折，它意味着宜家已经初具了一个正规公司的雏形，此举为日后的扩张打下了基础，有老板，有雇员，业务量继续增加，然后会有更多的雇员……宜家已经越走越远了。

有了帮手，坎普拉德就不再满足于宜家的现状了。应该说，坎普拉德是一个有野心的人。生意场上，如果没有野心，企业就无法发展。怎样才能让宜家再向前迈上一大步呢？这个问题困扰了坎普拉德好久。一天早上，坎普拉德一边喝着牛奶，一边思索着这个问题，这时，他看到了手中的牛奶杯，忽然，灵感来了！坎普拉德把目光转向了一个谁也没有想到的领域。

当时的北欧，除了渔林业以外，排在第二位的就是畜牧业了。在瑞典以及北欧的许多国家，人们食用大量的奶油、乳酪等乳制品，牛奶的需求量不断上升。每天早上，从瑞典出发的牛奶车会赶往四面八方派送牛奶。

没错，坎普拉德就是看准了这个与他售卖的小商品毫无关系的业务——牛奶运输。坎普拉德经过一番考察之后，收购了一部分运输牛奶的汽车，利用这些汽车，坎普拉德不仅实现了宜家的第一次扩张，而且还建立起了自己独特的销售网络。

每天，坎普拉德都会做一份商品目录，在目录上附有他所经营的商品的详细信息、价格和预订方式，然后，这些商品目录会随着牛奶车运走，再跟着牛奶一起送到每一个客户的手上。

想想看，无论是做奶制品的商户，还是每天早上喝牛奶的人家，只要需要牛奶，他们就能获得一份这样的目录，这是一个多么好的宣传方式啊，目录上都是他们用得着的东西。清晨，人们喝着一杯牛奶，看着自己想要的东西，然后填写订单，过不了多久，坎普拉德就会把订单上的商品邮寄到客户的手中。无论是客户还是坎普拉德自己，都从中得到了实惠，坎普拉德让消费也变成了一种快乐。

利用这种方法，坎普拉德实现了与客户的对接。实际上，商品目录就是宜家的宣传单，坎普拉德用牛奶运输车将宣传单直接送到了终端客户的手中，最重要的是，那些客户都是宜家商品的需求者，也就是说，牛奶运输车所接触到的人群与坎普拉德所需的客户正好重合，营销方向准确无误。

收购牛奶运输车这项看似毫无意义的投资给宜家带来了更高的利润，运送牛奶有着即成的销售网络和很成熟的营销渠道，坎普拉德不需要建立新的渠道就轻松锁定了自己的目标客户群，利用一切可以利用的资源，这就是坎普拉德的智慧，而制作商品目录，也成为宜家的一个传统被保留了下来。

2. 进军家具领域

到了1951年的时候，宜家面临了第一次危机，这次危机不是来自于宜家本身，而是来自于邮购业。

邮购行业的一个最大的劣势在于，购买者看不到商品实物，只能在付款后才能看到自己所购买的东西到底质量如何。这很容易让商家想到"先斩后奏"：客户的商品已经到手，货款已付，后悔也晚了。正是由于邮购业的这一特点，人们购买商品的质量经常得不到保障，欺诈的行为也时有发生。人们开始对邮购行业失去了信任。

在当时，整个市场的大环境并不理想，没有更规范的管理和相关的法律法规，各行各业的竞争都到了白热化的地步，同行之间的竞争，采用了最低级也最容易两败俱伤的方法——价格战——通过降价的方式来吸引消费者。当一件商品的价格低到不能再低的时候，为了维持自己所占的优势，有些商家会不惜在商品质量上做手脚，以次充好，保证自己在低价格的前提下获取利润。

坎普拉德也曾经在价格战上吃过亏。当时坎普拉德所售卖的一种钢板，市场价格是22～25克朗，坎普拉德权衡之后，将钢板定价为23克朗。同行得知了坎普拉德的定价之后，很快把自己钢板的价格降到了22.5克朗。坎普拉德知道消息后，紧跟着把价格降到了22克朗，于是两个人就像玩跷跷板一样，价格一降再降，力求自己的价格比对方低。

这样，问题就来了：当零售价已经降到低于成本价格的时候，为了让自己不亏本，只能在钢板的质量上找补，为了维持低价，钢板变得越来越薄。这场竞价的结果就是：商品价格低廉了，购买的人也没有变得多起来。

坎普拉德这时意识到了问题的严重性，必须找到一条新的营销思路，否则，宜家只能随着市场的潮流而自生自灭。自己一手创办起来的公司就这样倒闭，这是坎普拉德绝对不允许的事情，他开始寻找解困的良方。

想要使宜家摆脱被市场淘汰的厄运，宜家需要换一种新的经营思路。坎普拉德善于在一件不起眼的小事儿上做大文章。有一次，坎普拉德看到了一份父亲拿回来的家具广告宣传页，尽管制作得简单而粗糙，却让坎普拉德灵光一闪："我何不尝试一下家具行业！"

坎普拉德分析了目前的形势：首先，自己经营商品的种类繁多，都是些小商品，而且过于杂乱，不利于突出自己的优势；其次，当下瑞典的社会环境正处在繁荣发展的阶段，二战过后，百废待兴，大量的年轻人涌向瑞典，想要在这里大展拳脚干一番事业，瑞典新建的楼房数量在那段时期往上翻了好几倍。住房需求量的增加，使家具市场存在着巨大的潜力。

说干就干！有想法就要立刻行动起来！

坎普拉德在艾姆瑞特用1.3万克朗买下了一幢有些破旧的大楼，这在当时已经是天价了，但是坎普拉德这笔钱花得值，因为他使宜家有了属于自己的固定的办公地点和销售空间，坎普拉德再也不用像从前那样，走到哪儿，就把公司搬到哪儿。

经过简单地装修，这幢破旧的大楼焕然一新。1952年春天，宜家的最后一份"杂货目录"随着牛奶运输车被送到了人们的手中，目录上列出宜家曾经经营过的所有小商品，注明这是清仓处理。坎普拉德以此向人们宣布，宜家从此结束"大杂货铺"的命运，开始正式进军家具行业。

锁定家具领域，对于宜家公司的发展是尤为重要的一步。一个企业必须有一个主营的项目，才能在主营项目的基础上不断壮大，经营商品的种类越多、越杂，就会"一无所精"，就无法建立自己的品牌，无论怎么扩张，也是一家"扩大了的杂货铺"。坎普拉德给宜家找到了定位，开始沿着一条路，坚定地走下去。

3. 全新的营销策略

1952年秋天，全新的宜家商品目录出版，那是一种用条纹纸印刷的小册子，还配上了鹅黄色的封面，做得简朴而精致。翻看目录，里面全是宜家所经营的家具商品，其中主打的是一款叫做"露丝"的没有扶手的椅子——为每一件商品取一个名字成了宜家的一种特色和习惯。"我实在很难记住那些商品的货号都是什么。"坎普拉德如是说。

1953年3月18日,宜家商场开业了,在那幢重新装修过的大楼里,所有家具都摆放在商场里,顾客可以一边比较,一边挑选,一边检查商品的质量。

这是一种全新的营销方式——展出式销售,它的优势在于:首先,商品就摆在顾客的面前,顾客可以慢慢挑选,直到挑选到自己满意的商品后,再付货款;其次,顾客在这里还可以感受到店家的服务态度,让消费者成为了主人;再次,即使什么都不买,只是到这里逛一逛,也可成为业余生活中一种休闲乐趣。此举不仅为宜家带来了大量的人气,也让宜家形成了非常好的口碑,因为,没有过硬的商品质量,店主是没有胆量将所有商品展示在顾客面前的。

商品的摆放也是一门学问。坎普拉德不仅要把同类商品摆放在一起,以方便顾客对比,买到满意的商品,还要兼顾美观。坎普拉德会把风格搭调的桌子和椅子摆放在一起,以此来提示顾客,自己家的桌椅也可以这样搭配。

这样做还有另外一个好处就是,如果某位顾客看中了一套座椅,而这套座椅单独摆放在自己家的桌子旁边并不好看,那么为了美观,顾客很可能连与之搭配的桌子一起买走——这也是坎普拉德的一种营销手段——整体营销。

曾经有一段时间,在家具业十分流行"整体"的概念:整体厨房、整体卫浴、整体衣柜等等,这种营销手段可以扩大自己的销售量,并且也颇受消费者的欢迎,因为省去了逐一挑选的麻烦,整体装修,也可以让家里的风格统一。但是随着时代的发展,人们的审美观和消费意识也发生了改变,"化整为零"又成为另一种流行趋势,不过这是后话了。

坎普拉德虽然没有推出"整体"的营销方案,但是他将风格一致的商品摆放在一起的做法,无疑为凸显自己的品牌风格做了很好的铺垫,加深了消费者的印象,为宜家日后的发展打下了良好的基础。

除此之外,在某些商品的摆放上,聪明的坎普拉德还使用了一些小手段,比如:他将两块不同款式的铁板摆放在一起,一块卖50克朗,另一块卖55克朗,但是卖50克朗的那一块很明显要比另一块薄很多,质量上也有所差别,人们经过比较之后,都会选择55克朗的那种,尽管需要多花5克朗。对于这样的结果,坎普拉德很满意,因为他的目的达到了。通过对比让顾客自己作出选择,从而售出价格较高的商品,店家和顾客实现了双赢。

坎普拉德成功了。宜家商场自开业以来,销售额就不断攀升,这个刚刚起步的小小宜家商场正在被更多人所熟知,经常是早上还没开始营业,门外已经排起了长长的队伍,很多顾客还特意从很远的地方赶过来,购买宜家的商品。

4. 发行量超过《圣经》的小册子

宜家的商品目录是坎普拉德的一大法宝,也是宜家最战功煊赫的功臣,据说它的发行量已经超过了《圣经》。有的人可能没去过宜家商场,却经常看到宜家的商品目录,很多人也是从了解商品目录开始,才逐渐走进宜家、爱上宜家的。

说起这份商品目录,它的雏形就是坎普拉德的笔记本。在坎普拉德年幼的时候，他在笔记本上记录人们所需要的物品，以免采购的时候忘记某样东西。这就是最初的宜家商品目录，只不过这份"目录"是坎普拉德写给自己看的，当时他并没有想到，这样一份小小的册子，日后竟然承载着一个家居世界。

后来，坎普拉德改变了自己的经营策略，从"顾客需要什么，自己采购什么"，转变为"自己先采购，顾客从自己有的商品中去选择"。坎普拉德为扩大经营范围，先把所有的商品做成一份目录，上面详细注明商品名称、价格、款式、颜色等，然后又收购了在当时四通八达的牛奶运输车，让目录随着牛奶运送到每个顾客的手中。

再后来，坎普拉德发现了《农场主周报》，那是在当时当地比较知名的一份刊物，其发行量已经达到了28.5万份。于是，坎普拉德结束了商品目录随着牛奶运输车游走的命运，而以《农场主周报增刊》的形式出现，也就是说，坎普拉德一次至少可以与28.5万名普通大众接触上，坎普拉德第一次将视野扩展到如此之宽。在《农场主周报增刊》的第一期上，有一段文字是坎普拉德亲笔写的：

致田野上的人们：

"你一定已经注意到了，要做到量入为出并不容易。为什么呢？你自己可以生产许多商品（牛奶、谷物、土豆等），但我猜想从中获得的报酬并不很高。是的，坎普拉德肯定你的收入高不了，但市场上的东西却是格外昂贵。

这在很大程度上是因为掮客的介入。不妨比一比卖一斤猪肉你收入多少钱，商店又收入多少钱……结果总是这样不幸，往往只一个克朗成本的商品到了你手上就变成了五六个克朗甚至更多。

对此，坎普拉德们已经朝着正确的方向迈出了一大步，请注意，这份价格表中为您提供的商品与经销商的开价几乎一样，有的甚至还低。"

坎普拉德在这里第一次强调了直接购买的优势，他阐述购买自己的商品没有中间商从中牟利，因此价格低廉，并且，找到坎普拉德，你就找到了货物的主人，在产品质量上也可以得到保障。

随着宜家的发展，宜家商品目录也被不断改进和更新。在宜家锁定家具市场以后，商品目录上出现了宜家所售家具的图片，后面附有此款家具的型号、尺寸、价格等。消费者拿到目录翻看，便可对宜家的商品有一个详细的了解，拿起电话，就可订购自己看中的家具。当然，如果愿意，也可以手里拿着商品目录，悠闲地走在宜家商场里，用实物和图片上的描述做对比，再来判断自己喜欢的究竟是哪一种款式。

商品目录中的许多图片是坎普拉德亲自拍摄的，并且每一款商品都有一个属于自己的名字，就像是宜家的每一个孩子。坎普拉德喜欢为商品取名字，他说这样有助于消费者记住自己喜欢的商品，记住一个名字，比记住那些大同小异的商品货号容易多了。

当然，目录中的图片也不是被中规中矩地排列上去的，它经过了设计师的排版，看上去每一页都那么精美。即使不需要购买宜家商品的消费者，也愿意拥有一份宜家商品目录作为阅读和收藏，因为上面清新的风格可以让人赏心悦目，浏览图片，可以当作人们休闲时的一种消遣。

在坎普拉德的建议下，目录不再仅仅是宜家商品的一种图片说明，它还会为人们提供装修思路及样板间的照片，有时会向读者简单介绍家居装修的窍门和色彩搭配等等小常识；有时会有一整套房屋装修及家具摆设的方案；有时会为读者讲一讲选购家具的技巧，有时会告诉读者检测家具质量的方法，因此，它的功用已经远远大于一份目录的价值。

现如今，宜家商品目录已经不仅仅是一份"目录"了，它几乎可以被看成是一本制作精良的时尚杂志。坎普拉德不可能在全世界各个国家和地区都开设宜家的分店，却可以让这本商品目录传到世界上的任何一个角落。

5. 没有人能够永远成功

坎普拉德5岁开始做生意，17岁就建立了自己的公司，再到后来，宜家经过一次次地扩张，发展成称霸世界的商业帝国，这样的成功让很多人都很羡慕。但是，哪有人可以始终一帆风顺？对于如今已经86岁高龄的坎普拉德，一生中所经历的艰辛，也只有他自己才能体会。

"只有睡着的人才不会出错。"坎普拉德这样说。坎普拉德有着怎样的成功，也就经历过怎样的失败。

坎普拉德是那种头脑始终在不停运转的人，这使他经常出现新的灵感，每当这个时候，他都会将新点子告诉给身边的人，并努力说服别人，在这个过程中，他能体会到那种按捺不住的喜悦之情。不错过任何一次可能的机会，这也是推动宜家不断向前发展的动力。

谁都希望只有成功没有失败，但这是不可能的事情。

在宜家公司还未创立以前，有一次，他以每支1克朗的价钱从巴黎进口了500支自来水笔，这还包含运费和关税在内。坎普拉德将这批自来水笔卖给了瑞士的一家自来水笔公司，价格被他争取到了每支4.5克朗，这样一转手之间，坎普拉德就赚到了1750克朗。

这一次的成功膨胀了坎普拉德的自信，让他在接下来的一笔生意上，遭受了人生当中第一次惨败。

坎普拉德从广告中看到了一家名叫保罗格拉夫的公司，其老板是一个奥地利商人。当坎普拉德找到他的时候，他给坎普拉德看了一种很好用的圆珠笔，而最让坎普拉德兴奋的是，他的开价只有2.5克朗，坎普拉德当时就预订了几千支。

回去之后，坎普拉德开始以每支3.95克朗的价格对外征订，这个价格也是相当吸引人的，人们纷纷抢购这种圆珠笔。当已经有500份订单的时候，坎普拉德再次来到保罗格拉夫公司，找到那位奥地利商人想要提货，可是他告诉坎普拉德，当初是自己搞错了，根本就没有2.5克朗的价位，最低只能以每支4克朗的价格卖给坎普拉德——这比坎普拉德对外征订的价格还高出5欧尔。

坎普拉德认为已经与这位保罗格拉夫公司的老板握手表示合作成功，那么事情就不会出现变化，可是他欺骗了坎普拉德。坎普拉德甚至请求他帮帮自己，但是仍然遭到了拒绝。

最后，坎普拉德只拿到了200支那种圆珠笔，对于那些抢先订购的客户，坎普拉德不得不自己吃亏来满足他们的需求，但是200支根本就无法满足那500份订单，坎普拉德用与当初约定稍有不同的圆珠笔挽回了客户的信任，虽然客户没有太大的失望，但是坎普拉德损失惨重。

这一次的失败让坎普拉德稍稍觉得安慰的是，总算还有替代品可以挽回自己的面子。还有一次失败连替代品都找不到。那次，坎普拉德从一家化学公司订购了一批寄售的机油,然而到最后,根本就没有这种机油的存在!坎普拉德无奈之下,只有向客户道歉,并退回了客户的订金。

其实这些失败都源于坎普拉德对人的信任。坎普拉德的父亲总是对他说:"你太容易上当了,你这个样子是成不了事的。"

让坎普拉德对人设防是困难的,他没有办法想象人们之间如果相互不信任,世界会变成什么样子。失败也让坎普拉德从中汲取了教训,那就是不要口头订协议,不要以为一次握手就可以万事大吉,一定要签订书面协议以保留各种重要信息,因为没有哪个律师能够仅凭一次握手就帮你打赢官司。

虽然从失败中总结了教训,但是失败却是如影随形。坎普拉德的公司越是壮大,失败的损失也会随之扩大。

在赫尔辛基有一家生产名叫普瑞森电视机的工厂,坎普拉德是这家工厂的股东之一,他在其中投入了一笔巨额的资金,并安排一位亲戚的丈夫进入工厂的管理层。然而这个决定是错误的,因为虽然他的亲戚与工厂的总经理甚是投缘,但是两人共同感兴趣的事情却是开飞机而并非管理工厂。由于管理上的失误,工厂陷入了财政危机,这次失败使宜家至少损失了25%~30%的资产,如果用今天的营业额来换算,那将是一笔巨款!

到了上世纪90年代,坎普拉德的失败仍然没有停止。一个家具商,最大的需求就是原木。为了保证原木的供应不会间断,经过考察,坎普拉德在乌克兰租下了10万公顷的林地,并享有99年的伐木权。宜家要经营这块还算不错的林地将近一个世纪,这本来是一件好事,但事情没有预期的那么乐观。

解决了林地问题以后,坎普拉德在瑞典买下了一家锯木厂,用里面的设备，在俄罗斯重建了一个，并在锯木厂的基础上，又建了一家净化家具原料的工厂。宜家始终以环保为根本原则，他们想要做的是既承担社会生态责任，又展现瑞典工艺水准。

宜家的计划本身并没有什么问题，但是问题还是出现了，那片林地在与日本的一家企业进行合作的时候，来自地球另一端的日本人只知道伐木，从不考虑补种问题，使林地的生态环境在很大程度上失去了平衡，林地使用的可持续性在逐渐减少。

最致命的是，宜家在俄罗斯建立工厂的时候并不了解当时俄罗斯的社会状况，俄罗斯的黑手党插手了他们的业务，而苏联的官僚主义作风又阻滞了公司的正常运营，各种问题层出不穷。教训接踵而来：财务报告显示，宜家的损失已经达到了6000万克朗，如果再加上这段时间所付出的人力、物力，那么损失将可能达到1亿克朗～1.25亿克朗！

坎普拉德曾经说，如果将所有失败的损失加在一起，可能5亿克朗都是保守数字，这还仅仅是由于坎普拉德个人判断失误所造成的。

在罗马尼亚的一项投资中，由于宜家的理念与当时当地环境存在一定差异，他们损失了至少5000万克朗；在与泰国当地人合资建设的一座椅子加工厂项目上的失手，吞掉了宜家2000多万克朗的资产，并且至今还在为那次教训交学费；在马来西亚同样发生过一场"大灾难"，与当地集团合作的家具工厂让宜家再次损失了4000万克朗……

失败只是让坎普拉德与宜家在挫折中共同成长，却丝毫没有改变坎普拉德的个性，他依然不会放弃任何机会，依然对宜家的未来充满信心。坎普拉德有勇气承担一切失败，在他的带领下，宜家一直在前进当中，经历几次失败又何妨？

第四章 逆水行舟 迎难而上

"天将降大任于斯人也，必先苦其心志，劳其筋骨，饿其体肤，空乏其身，行拂乱其所为，所以动心忍性，曾益其所不能。"这是中国先贤孟子所言。但凡成大事者，必然要经历一番痛苦的折磨。当坎普拉德在家居行业里如鱼得水之时，宜家受到了消费者的青睐，也遭到了竞争者的嫉妒。一旦埋下嫉妒的种子，行事就未免偏激。可是，愚蠢的人又怎能阻止自然力量？他们不知道，宜家正顺应自然规律，逆流而上。

1. 改变游戏规则

一场游戏中，如果谁是游戏规则的制定者，谁就是这场游戏中的"老大"，其他人也按照"老大"制定好的规则玩，实际上就是在被"老大"玩，但是大家并不觉得，因为人们习惯遵守规则，认为这场游戏本该就是这个样子的。如果你不能改变游戏规则，那么你就永远也无法冲出桎梏，改变不了"陪老大玩耍"的命运。

遵守规则并不是一件坏事，因为可以不承担风险，游戏却会变得越来越枯燥无味。如果突然出现一个异类，他不仅不按照原来的"套路"出牌，还企图改变规则，重新洗牌，那么这场游戏就有趣多了。但是这个异类，不仅会引起"老大"的愤怒，也会引起同行的不满——重新洗牌，必然会导致有人吃亏，有人盈利，大多数人还是喜欢安于现状的。那么这个敢于以一己之力挑战"群雄"的"大侠"，一定是一个勇气与智慧并存的人。

坎普拉德就是那个"异类"。

宜家家居刚刚起步，当时的家具行业被两个"卡尔特"垄断着——制造商"卡尔特"和经销商"卡尔特"，也就是说，家具业两个最重要的组成部分，全部都在这两个人的掌控之下，整个家具业就像是他们手中的棋子，过于强大的实力让他们排除了其他竞争对手撼动他们地位的可能性，其他小商家也只能在他们制定的游戏规则里，跟在他们的屁股后面分一杯羹。最终为游戏埋单的，却是消费者。

企业的垄断阻碍了市场的自由竞争，限制了资源利用的最大化，而且会使市场环境变得僵硬、死板，在其控制下的小企业会有一种窒息之感，但为了生存毫无办法，没有哪个小企业敢与"财大气粗"的垄断企业相抗衡，那无异于用鸡蛋去碰石头，即使吃亏也只能忍气吞声。事物不可能永远停滞不前，总会出现一个能够改变现状的力量，他可能最初很弱小，却是全新的、进步的、顺应历史潮流的。

坎普拉德的到来为家具业引进了一股新鲜的血液。

首先，宜家刚刚进入家具行业，这个行业对于坎普拉德来讲是一个全新的领域，虽然缺少对这个行业的了解，但也不会受到行业某些潜规则的束缚。坎普拉德并没有理会两大"卡尔特"的垄断，也没有讨好他们的意思。

其次，在当时的展销会上只能进行批发交易，而坎普拉德坚持零售，这样更方便消费者购买，他所面对的人群是消费者个人而非零售商；展销会从来都是只"展"不"销"，也就是说，展销会上只下订单，不进行当场交易，而坎普拉德是一手交钱一手交货。

再次，宜家是从一个"小杂货铺"一步一步发展起来的，他没有大企业的傲气，也没有垄断企业盛气凌人的架势，他与消费者贴得更近，让消费者感到亲切。对于坎普拉德来讲，最应该受到尊重的是消费者而非什么"卡尔特"，正因如此，宜家总能从消费者的角度出发，制定出许多更令消费者青睐的营销策略。

坎普拉德先以经销商的身份向厂家购进家具，然后再以制造商的身份将家具卖给消费者，也就是说，坎普拉德一个人同时扮演了制造商和经销商的角色，这种方式深受消费者的欢迎，因为消费者相当于直接从制造厂家买到了商品，省去了中间环节，商品价格下降了许多。

坎普拉德吃过了价格影响商品质量的苦头，他在以低价位出售家具的时候，没有降低商品的质量。人们更加喜欢购买宜家的商品。宜家商品销量的直线上升，让家具业"老大"及其他同行蒙受了损失，更重要的是，坎普拉德竟然没有理会"卡尔特"所指定的游戏规则，这种做法让"老大"完全不能接受。

"老大"及其身边的"喽啰"开始联起手来对宜家进行各种形式的打压，他们通过家具商会向宜家发出警告，要遵守游戏规则，否则宜家将会被逐出游戏之外。

2. 来自同行的疯狂排挤

那个时代，在邮购业每况愈下的时候，举办展销会成为当时最流行的销售方式，通过各种展销会，家具商将产品集中展出，供消费者购买。其实，这种展销会与宜家所推出的经营模式是一样的，只是展销会的规模更大，产品的种类和样式也更加丰富，几乎每个有购买家具需求的人，都不会错过这样的展销会。也正因如此，展销会对每个家具经销商来讲，都十分重要。

家具业联手对宜家的排挤，其手段之一，就是禁止宜家参加任何时间任何地点举办的展销会，即使以坎普拉德个人的名义也不可以。如果永远被这样禁止下去，宜家就等于失去了很大一部分客户，长此以往，宜家将会在夹缝中被"挤死"。

这样的问题怎么能难倒坎普拉德？不允许坎普拉德进入展销会，他可以想尽各种办法"混"进去。那段时间，坎普拉德就像是一个地下工作者，为了进入展会大厅，他经常乔装打扮，趁门口的管理人员不注意的时候，偷偷溜进去。

在哥德堡的展销会期间，坎普拉德请自己的朋友——地毯商杜特帮忙，杜特去参加展销会，坎普拉德跟在杜特的后面，打扮成"小跟班"，身上披着地毯，进入了展销会。还有一次，坎普拉德扮成一位老人进到展销会中，在一个不起眼的角落里卖各种挂毯。但是很不幸，后来他还是被人发现了，并被处以每天20克朗的罚款。

看来乔装的办法已经行不通了，一种方法反复使用，终究会引起人们注意的，坎普拉德必须另辟蹊径。

在斯德哥尔摩家具展销会期间，坎普拉德被严密看守起来，无论如何，坎普拉德也无法进入展销会。一气之下，坎普拉德放弃了进入展销会，可是并没有放弃采取行动。

坎普拉德在展销会旁边租了仓库，当作宜家的临时商场，展销会正在如火如荼地进行，坎普拉德就在旁边的仓库里卖起了宜家的商品。这种做法无疑是在与展销会抗衡，用一个小小的仓库去对抗展销会，就相当于拿鸡蛋去碰石头，其失败的结果几乎是注定的。

然而奇迹出现了。

宜家的商品几乎具备了价格和质量上的双重优势，不仅价格比展销会上的商品低廉得多，并且质量过硬、款式新颖，人们像疯了一样从四面八方涌向宜家，宜家门庭若市，而展销会则顿时人流减半。这种场面曾一度引起了媒体的关注，各大媒体都争相报道这一现象。

坎普拉德所制造的局面简直让竞争对手忍无可忍，为了把宜家彻底压垮，他们禁止所有的供货商向宜家提供货源。大多数供货商迫于强大的压力，纷纷停止了向宜家供货。

但也有的供货商不愿意错过任何一次获得利润的机会，他们坚持继续为宜家供货，但是不敢公然与"卡尔特"家族对抗。他们在给宜家送货之前，要先将商品的样式做一些改动，使别人认不出这是自己卖给坎普拉德的。

坎普拉德至今仍然感激那些勇敢而又忠诚的供货商，是他们让宜家在最艰难的时候没有垮掉。但坎普拉德也对那些不敢供货的商家表示理解，他说："如果换做是我，我也会那样做，毕竟商场如战场，没有谁愿意牺牲自己的利益去帮助别人。"

那段时间，坎普拉德就像是一个在做非法生意的人，他与供货商之间的交易明明合理合法，理应光明正大，由于同行的排挤却搞得偷偷摸摸，人们经常能在夜间看见一辆辆的货车停在宜家的门前。没错，很多供货商不敢在白天把货物卖给坎普拉德，只能在晚上将货物送过去。

还有的供货商为了给宜家送货，经常突然改换交易地点，事先定好一个交易地点，在交货时临时换到另一个地方。这一切看起来更像警匪片中毒枭与警察之间的对弈，在当时，宜家就是这样艰难生存的。同行之间的竞争如此荒唐，由此也可以看出，当时的市场环境是多么的不合理。一件事一旦坏到了极点，就要朝着好的方向发展了，所谓否极泰来，正是如此。

3. 长着七个脑袋的怪兽

在强大的压力下，被两大"卡尔特"控制的家具商会见坎普拉德依然没有打算退出，不但没有张开双臂接纳宜家，反而增加了对坎普拉德的打压力度。他们全力禁止宜家进入展销会也让坎普拉德寻找着脱困的办法——无论如何，展销会对一个家具商来讲是相当重要的，坎普拉德不愿错过这样的机会。但是打擦边球终究不是长久之计，还是要想办法正式进入展销会。这时，家具商会发布的通告中"禁止宜家"这四个字让坎普拉德想到了办法。

不是禁止"宜家"进入展销会吗？那么只要不是"宜家"，其他公司进入展销会，他们还会阻止吗？想到办法，坎普拉德脸上露出了轻松的笑容。

坎普拉德开始注册不同名字的公司，以此来摆脱困境。这些公司都是用宜家的资金注册的，因此，他们全部都是宜家的全资子公司。坎普拉德就是用这样的方法对抗禁令的。如果他们同时禁止"坎普拉德"和"宜家"，那么坎普拉德就派别人以其他公司的名义进入展销会进行销售。

当然，坎普拉德也完全是被动地自卫，在必要的时候，也会上演绝地反击的精彩好戏，他最拿手的戏码，当然是价格优势。坎普拉德会在参展之前先不给自己的商品定价，给消费者留一个悬念，然后在展销会上突然公布一个比其他参展商低许多的价位，巨大的心理落差让大量消费者涌向宜家。面对如此低的价格，同行们只能瞠目结舌，却不敢跟着坎普拉德一起降价。

家具商会无计可施了，他们可以阻止坎普拉德参展，却不能阻止坎普拉德注册公司。随着宜家的子公司越来越多，大家都无暇分辨哪个属于宜家，哪个与宜家毫无关系。总不能连所有新注册的公司全都禁止吧？

后来，大家称宜家为"长着七个脑袋的怪兽"，你把其中一个脑袋砍掉，很快，他在别的地方又长出了一个。在当时，那是坎普拉德为了求生存而迫不得已的做法，但是那些被迫注册的子公司经营效益一直不错，有些至今仍然存在着：斯维斯卡·希尔科公司是以出口行业为主；斯文斯卡皇家进口公司主营地毯；斯文斯卡森塞罗公司主营泡沫橡胶制品，它还在斯德哥尔摩的一条主要街道上开了一家商店；海瑟姆公司专门经营邮购业务。

这些子公司相当于把宜家的业务更加细化了，"塞翁失马，焉知非福"，同行的打压在一定程度上拓展了宜家的业务，使宜家的力量比以前更壮大了。大量的资金流入各个宜家的子公司，最终全都汇入宜家的账户。所有的子公司被坎普拉德连成了一条线，它们就是后来的"宜家龙世界"。

4. 媒体的关注

宜家的出现，让整个家具行业感受到了震荡，连"行业老大"

都亲自出手进行干扰，怎能不引来媒体的关注？

媒体的报道对任何一家企业来讲都是一把双刃剑，可谓"成也萧何，败也萧何"，一家有影响力的权威媒体的一篇正面报道，就是一则免费的广告，可以令一个企业声誉大振；而它的一篇负面报道，哪怕只是一则短消息，则可以令企业在一夜之间身败名裂，甚至倒闭。

宜家与媒体之间的关系就是这样纠结着。

或许是树大招风的缘故，同行业对宜家的质疑声从未停止过，从产品的质量到产权问题等各个方面。每当出现非议，宜家总是能迅速地作出反应，并且以其惯有的真诚将问题解决掉，因此，宜家成立以来，无论出现多么大质疑，宜家的销量从未受到过影响。

然而，无论宜家在行业内有多高的知名度，权威部门都从未关注过，就像商量好了似的，他们集体给了宜家一个不闻不问，其实归根结底，就是不屑。宜家是在消费者的肯定中不断成长的，权威媒体的报道反而少得可怜，直到《家居》杂志的编辑玛丽安娜的出现才改变这一状况。

28岁的玛丽安娜在当时担任《家居》杂志内部装潢期刊的编辑，与其他编辑不同，玛丽安娜不对任何一个品牌表现出过多的溢美之词，也不会无缘无故去抨击、批判一个商品品牌。现在看来，"傍上"一个大品牌是炒作自己最好的方式之一。但是玛丽安娜没有这样做，她以新闻报道的真实，为时尚杂志写着极其客观的稿子。

玛丽安娜是一位有良心、有勇气的媒体人，是她的坚持和信心给了宜家一次证明自己的机会。

《家居》杂志是一份家具行业比较权威的杂志，而在杂志的编辑部里，关于宜家的各种消息铺天盖地，谣言掩盖了事实的真相。

由于好奇心和责任感的驱使，玛丽安娜决定接手此事，还原一个真实的宜家。

在《家居》杂志内部，一个由专家组成的顾问团成立了。这个顾问团的成员大部分是家具设计师，他们对这一领域相当熟悉，因此，在行业内，如果能够得到《家居》的认可，也就相当于得到了权威的肯定，这比任何广告效应都来得直接。

玛丽安娜一行人对宜家的考察开始了。坎普拉德就像一个虔诚的小学生一样，等待着玛丽安娜最后的审判。

《家居》的专家组是这样做的，他们用同样的方式和同样的风格分别装修了两个起居室，一间全部使用宜家的家具，另一间则使用其他商家的家具。原本以为差别不会很大，结果却有些不可思议：用宜家家具装修的房间只花费了2770克朗，而另外一个房间则花费了8645克朗，如此大的差价，令所有人震惊，足以见得，行业内的同类商品，宜家的价格要便宜很多。

令专家组震惊的还不仅仅是价格。

面对两个房间装修价格惊人的差距，人们开始怀疑宜家商品的质量。在瑞典的设计中心和瑞典手工艺协会，对宜家产品的质量测试正在进行。为了保证测试结果的公正和公平，被测试的商品全部隐去了商标和品牌的其他标志，并由专业的家具设计师来完成实验。

测试结果更是令人匪夷所思，价格低廉的宜家商品成功击败了那些所谓出自著名设计师之手的昂贵的家具，测试中各项数据的指标表明，宜家商品的质量绝对过硬，消费者可以放心购买和使用。

宜家的一款名叫奥格拉德的弯木椅，它在机器上被翻转了5.5万次以上，没有丝毫的变化，而它的价格只有33克朗，同样的商品，在其他商场里要花上168克朗才能买到。

事实不会永远被埋没，真相渐渐浮出了水面。来自权威的报道使那些谣言不攻自破了。难能可贵的是，这件事情并没有膨胀宜家的虚荣心，宜家因媒体的正面报道而名声大振，坎普拉德却没有借此机会涨价，他依然坚持原来的价格。坎普拉德说："商品的价格是为消费者而定的，它不能被其他因素所改变。"

此后的几年里，一个叫波·瓦德里的年轻人在艾尔姆特锐德建立起一家实验室。他还在宜家商场的入口处安放了测试设备，每一个来到宜家的人，都可以当着所有人的面对商品进行测试。

只有对自己的商品足够自信，才有勇气做这样的事情。竞争对手终于黔驴技穷，家具行业商会更是恼羞成怒，他们要求《家居》停止此类报道，同时停止对宜家商品一项一项的测试。《家居》和玛丽安娜面临着被惩罚的危险。如果杂志主管部门被商会吓倒，玛丽安娜则有可能结束自己的编辑生涯。

事情并没有按照家具商会的意愿去发展，玛丽安娜得到了《家居》杂志老板的支持。他认为，虽然这样的决定对广告收入会有一定的影响，但只是暂时的，未来的前景未必悲观。事实证明他是一位有远见的老板。几家有勇气并且对自己的产品有足够信心的企业，主动将自己的产品送来进行测试。

什么样的宣传都不如老百姓的口碑，只有同消费者站在一起，以消费者的利益为己任的企业，才能使销售业绩持续上涨。坎普拉德赢得了口碑，赢得了尊严，他用事实征服了媒体，用真诚征服了消费者。同时成功的还有《家居》，由于杂志社坚持实事求是的态度和不畏权贵的精神，其先对商品质量进行测试再进行报道的做法，成为《家居》杂志的一大特色，没有服从商会的安排并没有使其倒闭，反而增加了更多的广告收益。

《家居》的报道使宜家物美价廉的声望达到了顶峰，销售额的预算在不断上调，而杂志也将宜家定义为了具有国际知名度的商标品牌。

5. 反败为胜

　　竞争对手的攻击就像在打西洋拳，单刀直入，直击要害，而坎普拉德更像懂得中国的太极，将有形的力量化为无形，见招拆招，遇敌杀敌。今天看来，竞争对手的做法的确有些过分，但是在当时的条件下，他们面对宜家的超低价，除了全面围堵，也想不出更好的办法。

　　商会拿宜家无计可施，却还在做着困兽之斗，他们终于使出了杀手锏——要求大型的产品交易会每周只开放4天。这条限令不仅打击到了宜家，同样也损害了其他经销商的利益。于是，在一段时间之后，经销商们纷纷表示了不满，有的甚至开始"倒戈"。

　　这一举措对宜家的影响反而不大，因为宜家的商品目录已经成为一个优良传统，消费者可以通过商品目录来了解宜家的商品，禁令阻止了经销商，却不能阻止人民大众，消费者依然大量涌入宜家。

　　这一切都令宜家的竞争者始料未及，这不是他们想要看到的结果，事情似乎总是朝着与他们意愿的相反方向发展。但愚蠢的人们不知"收手"，继续着对宜家的各种打压，其中最恶毒的攻击就是关于剽窃，因为这不仅影响宜家的声誉，还可能伴随着诉讼。

宜家的首席设计师吉利斯总是认为，所有的设计都来自于现有的成果。家具设计不仅要美观，还要兼顾功能性，因此，设计基本大同小异，很多家具设计出来之后都有相似之处。

但竞争对手并不会这样想，他们想尽各种办法对宜家进行诋毁。其实，他们也懂得家具设计的特殊性，因为自己本身就在行业内。他们想要做的就是将宜家彻底赶出家具业，所以也就不择手段。

宜家经常能收到来自四面八方的指责，有的说宜家抄袭了某设计师的作品，有的说宜家某款产品正是自己曾经出售的那一款。这样的指控不绝于耳，但是没有任何一次是在法庭上结束的。

有一次，有人责难宜家抄袭了自己的设计作品——世界上独一无二的床头。这次的影响范围比较大，各大媒体都争相报道了事件的进展，朋友都为宜家捏了一把汗，竞争对手则等着看宜家的笑话，然而最终的结果有些戏剧化：坎普拉德找出了一份自己若干年前设计的床头的图纸，竟然和这个号称"世界上独一无二"的床头有许多相同之处！

这次抄袭事件以宜家不反诉对方诽谤而告终了。来自于对手的控诉从来没有结果，因为宜家始终问心无愧。一直以来，不论来自哪种力量的打压，坎普拉德都用真诚获得了最终的胜利。其实，坎普拉德战胜的不是对手，而是自己。

在这段艰难的岁月里，大家看到坎普拉德像个战士那样去战斗，顶着巨大的压力迎难而上。到了晚上，在没人看见的地方，坎普拉德经常泪流满面，毕竟是孤军奋战，一个小小的新成立的公司，去挑战行业龙头老大，其压力是可想而知的。

勇敢、坚强、不服输的精神始终支撑着坎普拉德，这个来自冰原上的年轻人有着丰富的想像力和超强的行动力。坎普拉德经常说："凡事不要去想，只要去做，就没有什么办不到。"宜家在巨大的压力下，始终没有停止向前发展的步伐，虽然艰难，但也成绩颇丰。这场在艰难中取胜的"战役"，不仅壮大了公司的力量，也使宜家积累了竞争的经验，为日后的发展奠定了扎实的基础。

坎普拉德刚刚进入家具行业，就遇到与同行之间如此激烈的竞争，并最终以大获全胜而告终。坎普拉德坚持自己的营销理念而没有屈服于权势，如果他在重压之下走上了"卡尔特"铺好的轨道，那么也就没有后来的宜家了。

在今天看来，那时候的市场竞争是多么的僵化和保守，行业协会一方面提倡自由、公平，另一方面反对一切进步、发展的事物，因为那些进步的种子一旦发芽，就会改变原有的规则，这样就会威胁到他们自身的利益。行业巨头依靠自己垄断的地位和优势，竭尽全力地打压宜家这一新进企业，他们打压的手段竟然是从外部来限制，而不是从自身内部去改进，进而让自己变得更强。

行业巨头搞这样的斗争注定是要失败的，事物遵循着自然规律向前发展，违背自然规律是没有可能的。正如坎普拉德自己所说："消极的工作从来是不划算的。那正是同行们的失败之处。他们反着干，企图遏制事物的发展，而不是积极地竞争，用自己建设性的思想来同我们一较高下。如果双方公平地斗争，谁知道我们还能不能像现在这样成功。我们不断寻求新的发展方法，从而反败为胜。"

第五章 波兰——宜家的第二故乡

每个企业发展到一定程度，都会遇到瓶颈，不同在于，有的真是瓶颈，只要想办法突破，就还有再次扩张的可能；而有的则已经到达了峰值，所谓"月满则亏"即是如此。宜家同样遭到了停滞不前的局面。是"瓶颈"还是"顶峰"？艰难求索中，坎普拉德在波兰找到了答案。

1. 遇到命运的转折点

经过那场激烈的竞争，宜家已经渐渐成熟，可以说，坎普拉德是在磨难中成长起来的。到了20世纪50年代后期，商会对宜家的禁令已经形同虚设，很多实力较强的供应商可以完全忽视禁令，公开向宜家供货。

随着宜家的不断扩张，其销量也不断攀升，许多商品开始出现供不应求的现象，仅仅在国内发展已经难以满足宜家不断前进的脚步，走出国门似乎已经势在必行。波兰成为了宜家历史上一个重要的转折点。

波兰使宜家第一次迈开走出国门的脚步，逐渐成长为一个跨国的企业。如果没有波兰，宜家走出国门或许还要晚几年，但是历史没有"如果"。

现如今，波兰不仅已经成为宜家的第二故乡，还为其进一步占领俄罗斯市场提供了前提条件。任何事情都不会无缘无故地发生，如果不是因为一种木质的座椅，坎普拉德也不会想到让宜家出国。

有一种木质的扶手椅在当时十分畅销，总需求量在400万把，可是把宜家所有的供货商手中的货物全部加在一起，也仅仅能凑够这个数量的一半，而各地对这种扶手椅的订单还在纷纷发往宜家，这种供不应求的现象让坎普拉德陷入了深深的思考。

坎普拉德想：仅仅这一种商品，当需求量增多的时候就已经无法供应，那么如果这种情况频繁出现，人们还会选择宜家吗？坎普拉德每天都在想解决问题的办法，他不能让每一个信任宜家的顾客失望，忽然有一天，坎普拉德想到了，既然国内已经无法满足宜家的发展，那么，何不把目光再放远一点？国外不是有更广阔的市场！走出国门的主意已定，只是，坎普拉德一时间还没有想好向哪个国家发展最适合宜家。

1960年，波兰外长W·塔普金斯教授访问斯德哥尔摩商会，寻求同瑞典公司的合作，这一消息解决了坎普拉德的难题，他不失时机地给波兰外长写了一封信，表达了想要合作的愿望——说到这里，你是否想到了在哥德堡商学院的坎普拉德，只因报纸上一个豆腐块大小的广告，就给远在巴黎的那家自来水笔公司写了一封信，结果宜家成为了那种自来水笔在瑞典唯一的代理商。坎普拉德就是这样，只要有机会，他就会紧紧地抓住，绝不会错过。若非如此，宜家也不会有今天的成就。

言归正传。坎普拉德的信得到了波兰外长的回应："欢迎来到波兰！"波兰给了宜家一个热情的拥抱，于是在1960年6月，坎普拉德和父亲费奥多以及几名宜家工作人员一起来到波兰进行访问，并且就在抵达波兰的第二天，宜家与波兰签订了第一笔订单。随后，坎普拉德开始考察波兹南的工厂。

作为一个中央集权制的国家，波兰在当时国内的经济发展遇到了瓶颈。在20世纪60年代初期，受到战争重创的波兰共和国把发展本国经济作为首要任务，而这首要任务中的重点任务，就是发展民生，因此它急需各种贸易来平衡本国的经济。

而宜家当时正受到国内同行的各种排挤和打压，坎普拉德也正在寻求拓展海外市场的可能性，于是当宜家遇到波兰时，二者一拍即合，相互的需求将二者紧紧地联系在了一起。

2. 给工厂注入新鲜血液

其实，那一次的波兰之旅并没有想象中的圆满。对于波兰是否能够给宜家提供充足的货源、成为宜家新的供货商，坎普拉德也没有足够的信心，因为他们考察后发现，波兰工厂的生产条件实在太落后了。

中央集权的政体让波兰社会的发展速度十分缓慢，坎普拉德一行人来到波兰以后发现，工厂里的设备惊人的陈旧，他们还在使用半自动化的机器，即使这样的机器也面临着年久失修的困境，整个生产线经常因为机器故障而停滞。这样的生产效率怎能满足宜家日益增长的货源的需求？

任何事物都有其两面性。陈旧和落后，从另一个角度来看，或许也是一种对传统的保留。就在坎普拉德想要放弃的时候，他被波兰工厂里传统的手工艺和对木材加工精益求精的品质所打动。这种品质正是宜家所要的。最重要的是，在条件如此落后的情况下，波兰依然生产出了令人惊喜的家具。技术的落后可以改进，但是传统如果丢了，就很难再找回来了，于是，坎普拉德决定，在波兰放手一搏！

改变陈旧面貌是一个缓慢的过程。长期的战争破坏使波兰的基础设施遭到严重的损坏：在华沙打一个电话到瑞典要用一整天的时间；报纸及其他通讯设备的落后使信息严重闭塞，人们的生活简单而枯燥。

最初的时候，坎普拉德为波兰工厂购进了一些二手机器，以替换掉那些实在无法再继续运行的机器。他们还带来了一些文件夹、机器零部件，甚至一台老式打印机和复写纸，因为他们发现，由于无法拷贝，可怜的办公室小姐为了一份同样的发票，不得不填写12次！

对原木进行加工的过程也遇到了阻碍，由于波兰长期被战火侵袭，遭殃的不仅仅是波兰民众，还有那些长在丛林中的树木。大量的子弹壳留在了树干当中，这使家具在生产过程中常常因电锯和刨子被损毁而停止。

困难一项一项被克服了，波兰工厂一点一点走上了正常运转的轨道，坎普拉德帮助波兰建立起了一座现代化的工厂。在几年以后，各种从波兰生产出的家具销售记录不断被刷新：比利书架突破200万个；伊娃橱柜和英格台桌突破300万个……波兰的工厂成为了宜家主要的供货商之一，波兰家具在宜家的商品目录中已经占到了50个版面。

在沃伦基工厂，当一种托尔系列的抽屉突破100万大关的时候，坎普拉德送给了生产经理泽兹·巴拉克一个奥利弗花瓶，这令巴拉克十分兴奋，以至于多年以后，巴拉克依然会拿出那个奥利弗花瓶炫耀。

波兰为宜家带来的不仅仅是源源不断的货源，还有国内不曾有过的主导地位——波兰人赋予了宜家引领价格的权利。同样的，宜家带给波兰的利益也是丰厚的，先进的生产技术足以令波兰的家具产业逐渐走向强大。

3. 波兰危机

技术的转让为宜家带来充足的货源的同时，也伴随着风险。宜家曾在波兰工厂投资550万克朗为其引进了一种生产书架的设备，然而在柏林墙倒塌之后，波兰方面撕毁了最初的约定，将设备用于其他的用途，尽管他们支付了购买设备的钱，但给宜家造成的损失远远不止这些。最让坎普拉德愤怒的是，瑞典人要为此承担涨价的代价。

坎普拉德并没有放弃波兰。毕竟，波兰是宜家走出国门的第一站。所以，在波兰遇到危机的时候，坎普拉德坚定地选择了支持波兰，选择了坚持和冒险。

在柏林墙倒塌之后，波兰的货币还没有与美元挂钩，波兰货币兹罗提面临严重贬值的危机。但是在与宜家的合约上，价钱是按照没有贬值之前定下的，那么一些波兰的工厂就要承担40%的损失，有些企业甚至可能要破产。

波兰的家具联合会会长希尔维娅·吕卡希不得不来到瑞典，找到坎普拉德和他的妻子玛格丽莎，以寻求解决问题的办法。而在当时他们也不知道谈判能否使波兰渡过这次危机，因为宜家的商品目录上早已给出了定价，这个定价已经实行了一年多。坎普拉德的原则是，无论任何情况都不会更改商品目录上的定价，因为他不允许消费者来承担任何风险，那么这40%的损失，不通过涨价的途径，又如何来解决呢？

带着渺茫的希望，他们在瑞士洛桑见到了坎普拉德。

希尔维娅·吕卡希女士后来回忆到：那一次，坎普拉德和所有的供货商一起讨论这个问题，讨论的地点就在坎普拉德埃姆瑞特农场的家里。坎普拉德似乎兴致很高，他滔滔不绝地讲述着当前的情况，为大家分析利弊，但是过了很长时间也没有讨论出结果，于是坎普拉德提出："我们先歇一歇，不要继续纠缠在这件事情上了，不如换个轻松一点的事情来做，先把肚子填饱吧。"坎普拉德亲自下厨为大家做东西吃，这顿饭，大家吃得很愉快。

在所有人饱餐之后，坎普拉德宣布了自己的决定："我也非常清楚目前的状况给在座各位带来的灾难，你们提出将价格上调40%是合理的，我不能让宜家的朋友承受损失。然而，我们都知道，商品目录上的价格是早就定好了的，我们也不能让消费者为我们买单。宜家全力以赴支持自己的供货商，同意涨价，但是商品目录上的价格不做任何更改，这40%的损失由宜家来承担。"

事情就这样结束了，宜家看似损失了40%的利益点，但是从长远看，宜家收获了一份坚实的友谊，一批忠实的供货商能够在任何危机时刻帮助宜家渡过难关，这也是宜家能够走到今天的原因之一。宜家的朋友，遍布全世界，这和坎普拉德个人的处事原则不无关系，宜家有很多商业上的合作伙伴，即使后来不再与宜家进行合作，也成了坎普拉德的朋友。

4. 波兰以外的世界

波兰和宜家就像是一对恋人，相互吸引着，相互需要着。

波兰之所以能够如此热情地张开双臂拥抱宜家，有以下几点原因：

其一，宜家始终采用的是家族式管理模式，其整个决策权都集中在坎普拉德一个人身上，因此没有高层意见的分歧，没有无休止的商讨会议，只要坎普拉德决定了，事情就"OK"，宜家就变得更加可以信任，不会因为其他原因而经常变更决定。

其二，宜家与波兰签订的都是长期合约，最短的时间也在一年以上，这样可以使工厂更有计划地、有条不紊地进行生产。这种长期稳定的合作更有利于保证商品的质量。

其三，也是最重要的一点，宜家为波兰的家具产业带来一场技术革命，这几乎改变了波兰整个家具行业的命运。

其四，波兰人对生活、对事业充满热情。因为波兰的中央集权制度让波兰人长期处在权威的统治下，他们的生活压抑而单调，宜家的到来就像在闷热的空气里刮进一股清凉的风，宜家自由、透明、平等、开放的管理风格令他们眼前一亮。于是，有理想的年轻人纷纷投身宜家，这为宜家带来了人才的积累。

宜家因为波兰而实现了质的飞跃，它不仅摆脱了货源紧缺的窘境，还摆脱了国内同行联合排挤的困境。波兰给了宜家一片更加广阔的天地，无论在波兰遇到什么问题，坎普拉德始终不离不弃。

事实证明，坎普拉德的做法是正确的，继续与波兰合作，让波兰成为宜家进军俄罗斯的跳板，宜家在波兰的声誉也在影响着俄罗斯家具市场。1997年，宜家的管理层决定，投资10亿美元来征服俄罗斯市场，宜家在拉脱维亚租赁的大片拥有砍伐权的森林，为这项计划提供了有力的支持。而为了降低成本，一项被命名为"森林杂草"的科研项目正在悄然进行。

所谓的"森林杂草"计划，就是将其他厂商认为没有可能变成家具的原木用于家具制造，而这种原木必须遍地丛生，比如白杨。因为如果原木资源是一种稀缺品种，也势必会带来成本的上涨，而这是宜家绝对不允许的。

"森林杂草"只是宜家在俄罗斯的一个科研项目，宜家经常投入大量资金进行这种新兴项目的研发，"框架板材"就是其中成功的项目之一。

"框架板材"有些类似于胶合板，是在一个像三明治的框架结构上，将硬纸板或者硬纤维片压制成板材的形状，用于家具制作的原材料，看上去更像是压缩饼干。这种框架板材有着同木材一样的硬度，却比木材轻得多，同木材一样坚实、耐用，承重能力也毫不逊色。

用框架板材生产出来的家具轻巧、实用，同木材的质感差不多，人们再也不用为了挪动一个沉重的立柜而全家总动员。因此，一种用框架板材生产出来的台桌，刚刚进入市场就受到人们的热烈欢迎。有了这项生产技术，在不到一年的时间里工厂就两次扩大生产规模。

通过与波兰的合作，宜家的海外扩张一发不可收拾。宜家曾先后开发了德国、美国、英国等欧美国家的市场，并成为了那些国家最大的家具经销商，其后又在捷克、日本、韩国等亚洲国家建立商场或工厂，截至2008年12月，宜家在全世界的36个国家和地区已经建立了292家大型门市。

宜家每到一个国家，会首先对这个国家进行考察，了解了该国的人文地理及文化信仰之后，才选择某个地区开设一家商场进行试营业，然后根据营业期间所遇到的问题对宜家在该国的整个计划作出调整，以便让宜家在异国他乡也能遍地开花。

宜家在瑞典成功的经营模式和管理手段，已经在世界的宜家商场里推广开来，物美价廉的商品几乎让宜家在每个国家都走得顺风顺水。

5. 从冰原小镇一路走来

从1973年开始，家具业进入了宜家的时代，这个时代充满着征服和喜悦。一个来自北欧的青年人，创立了一座属于自己的商业帝国。

宜家不断汲取各方面的经验，探索开辟新市场的技巧。在上世纪80年代，宜家开立了43家新商场，到了90年代，又有69家宜家商场诞生，从北欧到东方到西方，从中国到捷克共和国的布尔诺、德国的斯图加特、路德维希堡，这一路走来，宜家将一股清新的北欧风情带到世界各地。

起初，宜家到一个新地区开店十分谨慎，坎普拉德总是先考察当地的情况，然后开设一家规模较小的店面，以此来感受当地的风土人情和人们的消费习惯。后来，一步一步的发展壮大和开拓海外市场的成功，也增强了宜家的信心。

如今开设新店，宜家会购置一块十分有影响力的地界，在上面建设规模较大的宜家卖场，不仅有宽阔的停车场，还要有宜家所要求的交通便利。即使宜家的商场开设在郊区，依然是门庭若市。不仅如此，宜家的到来，还会带来一个全新的商业圈，许多商家会锁定宜家开店的位置，在其附近开设服装商场、银行、快餐厅、超市等等，一片原本荒凉的郊区，顿时变得热闹起来。

向外扩张的日子，时间总是过得特别快，虽然宜家也犯过这样那样的错误，但是坎普拉德总是能找到办法解决，因此，宜家一次又一次地渡过了难关，前进的脚步始终没有停止过。

纵观宜家的成长历史，我们发现，宜家的每一个转折点，似乎都是坎普拉德为了摆脱逆境而作出的决定。

坎普拉德从5岁那年第一次卖火柴，开始了他的经商之旅，在17岁以前，经营着各种杂货，12年的经历让坎普拉德积累了足够的经验，时机成熟，坎普拉德觉得应该成立一家自己的公司——宜家从此诞生了。

然而成立公司以后，发展得并不顺利。坎普拉德确实具有逆流而上的勇气，宜家每次遇到的危机，都能被他成功转化为机遇，使宜家不仅渡过了难关，还实现了进一步扩张。

宜家成立之初，依然是以"杂货铺"的角色经营着各种商品，他主要的营销手段是以当时最流行的邮购业为主。随着邮购业江河日下，人们对邮寄所得的商品质量产生严重质疑，宜家面临了第一次危机。就在坎普拉德挥泪告别邮购业的同时，他将目光锁定在了家具业，展出式销售是坎普拉德一大创举，为宜家的日后发展奠定了基础。

　　同行们的排挤和打压是宜家所面临的第二次危机，坎普拉德用他精明强干的头脑和永不服输的精神，不仅在这场残酷的竞争中取得胜利，还使宜家进一步发展和壮大了。然而随着宜家知名度和美誉度的不断提升，坎普拉德又遇到了商品供不应求的危机。

　　就在坎普拉德焦急地寻找货源的时候，波兰向坎普拉德抛出了橄榄枝，坎普拉德果断地将其抓在手里，让宜家第一次走出国门，波兰也成为了宜家的第二故乡。通过那次波兰之行，宜家打开了向跨国集团发展的大门。

第六章 宜家与中国

"IKEA"在中国被翻译成宜家。在《诗经》中有《国风·周南·桃夭》："桃之夭夭，灼灼其华。之子于归，宜其室家。桃之夭夭，有蕡其实。之子于归，宜其家室。桃之夭夭，其叶蓁蓁。之子于归，宜其家人。"在孔尚任的《桃花扇》中亦有诗云："有风有化，宜室宜家。""宜家"在中国是一种美好的寓意，坎普拉德也一直在努力寻求宜家在中国的发展之路，让宜家为中国老百姓"宜其室，宜其家"。

1. 价格优势的挫败

坎普拉德是一个聪明而又精明的商人，那么，他就不可能没有注意到中国的市场。20世纪90年代，中国迎着改革开放的春风昂首阔步，许多外商来到中国进行投资，中国也在积极进行招商引资，坎普拉德怎能错过？

对于宜家而言，中国市场是一块必须啃下的骨头，因为这意味着将有10亿人口成为宜家商场的潜在客户，即使宜家的市场份额只占到20%，利润的收益也是可观的。于是，进入中国市场的计划悄然开始了。

首先，宜家组织了一个强大的"先遣部队"，并任命埃里克·阿恩伯格——一位经验丰富的商场企划老手为这支部队的首领，这是一位已经退休却仍然在为宜家战斗的战士。埃里克亲自从宜家内部选出十几个与自己合作最为默契的助手，他们都是宜家集团的精英，从衣柜设计到厨具设计无所不能。

这支先遣部队的任务，是在宜家进入中国之前，对中国市场进行详细周密的考察，分析市场以及做投资计划。这是宜家集团开发新市场一个必不可少的环节。当这支先遣部队"打道回府"，也就说明，他们的任务结束了——1998年，中国上海的第一家宜家卖场开业，对宜家而言，1998年是具有里程碑意义的一年，它意味着宜家全面进入中国市场。

然而，事情没有想象中那么顺利，正当宜家兴致勃勃准备好品尝中国市场这块"甜美的蛋糕"之时，却发现，中国市场和欧美市场完全是两种状态，运用从前的"营销策略"，根本无法进入中国。

首先，他们遇到最大的问题却是宜家一直以来引以为傲的优势，就是价格问题。这次价格战，并非来自于竞争对手，而是来自于宜家自己。

在欧美市场，宜家始终是以"家具便利店"的形象出现的。宜家的商品一直以价格便宜著称，"老百姓买得起的家具"，这是宜家立足的根本，也是宜家之所以能够越发展越壮大的秘密武器之一。但是"价格便宜"仅仅是相对于欧美市场而言，在中国，宜家的"平民"形象被颠覆了。

或许宜家此前所接触的都是发达国家，亦或许宜家不了解发展中国家的经济状况，当时的中国虽然处在经济高速发展阶段，但是由于经济基础相对薄弱，中国的消费品市场还没有完全成熟。宜家商品的定价虽然一向低廉，但是对中国老百姓而言，已经是"贵族"了。它的价格只能让中国民众望而却步。

其实不仅仅是宜家，许多外国企业进入中国都要面临这样的问题，美国的大众咖啡品牌星巴克、英国的大众啤酒百威，在其国内的定位就是为普通百姓服务的。可是到了中国，原本低廉的价格对中国百姓而言都有些偏高，再加上"进口"二字，让许多外国品牌在中国百姓眼里都成了"贵族"。中国有着最广阔的市场空间，然而如不考虑到中国的国情，国外的品牌很难让中国的普通大众接受。

因此，在上海的商场刚刚开业不久，宜家遭遇了前所未有的尴尬：相比欧美其他城市的宜家商场开业当天门庭若市的情景，上海宜家商场内显得冷清了许多。有一家媒体曾这样描述过当时宜家商场的购物状况：一位戴着黑色墨镜的少妇，穿着高贵的貂皮大衣，开着保时捷跑车来到宜家，后边跟着她的30位保镖。少妇一个人在静悄悄的商场里闲逛着，看到什么喜欢的就顺手拿走，身后跟着一个专门为她提重物的，还有一个专门为她付款的。

此情此景虽然有些夸张，却准确地描述了宜家所面临的难题。

15年前，由于中国在经济发展及消费水平等方面与欧洲国家存在的巨大差异，宜家产品在欧美看似非常便宜的大众消费价格，在中国市场上则令普通消费者感到难以接受，导致宜家在中国演变为小资阶层借以标榜身份的象征。甚至当时的演艺明星、时尚新贵或财富一族在装修新居后也往往会摆放一两件宜家的家具来装点门面。

被贴上"贵族"的标签是宜家所不愿意的，因此，宜家首先要解决的就是价格问题，必须降价，降到中国大多数老百姓能够接受的范围，扭转宜家的"贵族"形象。

要降低价格，就要再次压缩成本。宜家正在从"外来者"的身份往"本土化"的角色转变。宜家在给商品定价时，颠覆了传统的做法。传统的做法是先将商品生产出来，再根据市场进行定价，宜家的做法恰好相反：他们先给产品定价，再根据这个价格进行生产，这样，因为已经有了一个价格标准，他们就可以有的放矢地去选择成本低廉而又不会影响质量的材料，让宜家的产品实现了双赢。

首先，宜家放弃了将家居成品或者半成品直接运输到中国宜家店的做法，而是就地取材，开设工厂。中国有着丰富的物资和相对较低价的劳动力，这是家具在生产过程中降低成本的一个环节。除此之外，原材料的选择是重中之重。

其次，宜家挑选和整合了供货商，他们采取供货商竞标的方式，选择一批最具有价格优势的供货商作为自己长期的合作伙伴，以便他们能够更从容稳定地为宜家供货。同时，有些家具的原材料，宜家内部直接采购，他们以最原始的家具制造基础材料（比如木材）代替曾经的半成品采购，这样就可以大幅度降低成本支出。

选择原材料是宜家最为细心的一个环节。宜家总是能够找到那种质地优良而且价格低廉的原材料。

有一次，宜家的采购团队来到一片杨树林，大多数人都会把目光放在粗壮的树干上，而宜家人注意到了堆放在一旁的大量的杨树梢和砍伐过程中掉下来的枝杈。询问过林业管理员后得知，这些是还未来得及处理掉的垃圾。采购经理的眼睛里放出了光彩。

只有宜家懂得这些"废物"的价值。经过协商，宜家用很低廉的价格买走了这些"边角废料"，而在宜家的工厂里，这些"边角废料"正被制作成精美的座椅、桌子、梳妆台。谁说树枝、树杈就不是实木的？难道他们不是参天大树的一部分吗？宜家不会以牺牲产品价格为代价的，在宜家的商场里，那些木质家具结实而又美观，没人能看出他们是用树干制成的还是用树梢制成的，质量都是一样的好，可是成本低许多。

成本降低了，宜家商品的价格自然可以心安理得地下降。经过几年的价格调整，宜家商品的价格逐渐被中国大众所接受。宜家并没有因此而满足，他们决心将低价位的原则贯彻到底。有媒体报道，2003年9月，宜家家居在华销售的1000种商品全部降价，降幅平均值达到10%以上，有的商品最高降幅已经达到了65%。宜家的目标客户群体，正在向中国的工薪阶层一点一点地靠拢。

时代在发展，任何国家都不可能在某个原点上永远停滞不前。中国的整体经济状况，也远非15年前所能比。宜家商品的价格在中国再次作出了调整，而中国的经济水平也在提升，两者之间开始慢慢地找到了契合点。

如今，曾经处于"神坛"之上的宜家家居，终于在中国人心中卸掉了高贵的光环。在位于四元桥的宜家家居北京商场可以看到，穿梭于卖场之中的不再是中高端消费者，各年龄段的工薪阶层已经成为这里的消费主体。

很多中国消费者认为，宜家产品的北欧设计风格比较简约，尤其是小件家居用品，设计精巧，功能丰富。如果过一段时间，宜家又设计出来更多更新颖的产品，以现在中国人的消费水平，也可以实现将旧的家具换掉，购买新家具的愿望。

中国在变，宜家也在变。宜家的努力虽然没有白费，但是也不敢再贸然行进。面对如此广阔的中国市场，宜家由最初的野心勃勃变成了谨小慎微。至今为止，宜家卖场的中国分店只有11家。

2. 宜家为中国而改变

无论实力多么雄厚的跨国企业，一旦走出国门，除了保留自己的特色之外，不进行本土化的改革，几乎没有可能在异国的土地上生存下去。宜家同样面临着这样的问题，打赢了源自于宜家内部的价格战，还有很多问题必须考虑。

选址

在欧美市场，宜家商场的选址始终都是在郊区，这样既能节约成本，又能找到更加广阔的空间，在中国，这样做并不合适。以中国的经济水平，汽车的覆盖率还达不到每户一辆，汽车对于老百姓来讲，几乎是奢侈品。因此，如果把卖场的地址选在郊区，就意味着宜家将失去普通大众这部分消费者，而真的走上了贵族路线，只有开着私家车，才有可能去宜家逛逛。

基于这种考虑，宜家总部经过商议后决定，将中国的宜家商场开在繁华区，这比较符合中国人的消费习惯，只有将卖场设在商圈范围内，才会有大量的顾客光临。在上海的第一家宜家卖场，开在了繁华的徐家汇附近，而北京的宜家商场，地址则选在了比较热闹的三环附近。这样做，即使买的人少，也提高了卖场的客户到访量。

服务

宜家对于服务的管理，在中国也作出了相应的调整。在欧美国家，超市的营销模式颇受欢迎，宜家就是以超市的概念进入中国的，所有的商品全部展示在顾客的面前，顾客自行挑选，没有服务人员进行推荐；选到自己喜欢的家具，只需到收银处付款，就可以将商品带走；运输方式自行选择，不会有人帮你送货上门。这些也源自于西方的文化传统，欧美国家的人民崇尚自由，因此这种无拘无束的购物模式让大家很愉快地徜徉在购物的天堂里。更重要的是，在服务和运输这两个环节上，大大减少了人力的支出，也就在控制成本上又迈出了一大步。

但是在中国，由于文化的差异性，这种销售模式却成为大众购物的障碍。

中国人习惯了在购物时有服务人员在旁讲解和引导，以便能够更好地了解商品特性，选到更满意的商品。并且，在中国，很多大型货物都是免费送货上门的，而宜家坚持不送货的做法，让许多中国人不能接受。

当宜家了解了中国的这种特殊国情，便慢慢调整了自己的营销策略，在卖场的重要位置，他们增设了服务人员，在消费者需要的时候进行讲解。在消费者的强烈呼吁下，宜家降低了送货上门的费用，而消费者也可以选择付费送货或者自行运输。

当然，价格降低了，宣传也是必不可少的。只有通过有效的广告宣传手段，才能让更多人知道宜家，只有相识，才能进一步发展到相知，然后才能相交、相恋。

目录

广告对于企业来讲是一种必不可少的营销手段。蒙牛集团的崛起，其广告宣传起到了决定性的作用。

当初，蒙牛在内蒙古大草原上刚刚起步之时，董事长牛根生将手中全部的100万元人民币投向了广告，这让许多人不能理解，甚至有人认为牛根生思维不正常。老牛当然有自己的打算，他把目光投向了内蒙古刚刚兴起的户外广告媒体——大型户外广告牌。

牛根生与几家户外广告牌运营商合作，而对他们的要求只有一个字，就是"快"，要让内蒙古自治区所有的户外广告牌在一夜之间同时出现蒙牛的广告。

第二天一早，奇迹出现了，在内蒙古自治区的街头巷尾，人们发出同样的疑问："蒙牛是谁？蒙牛是什么？"这就是牛根生所打的如意算盘：先有市场，再建工厂。所有人都不知道蒙牛是什么，却没有人不知道"蒙牛"这两个字，在神秘的面纱被揭开之前，好奇心驱使民众对蒙牛产生了持续性的关注。后来的事实证明，牛根生的做法是多么充满智慧与远见卓识！

成功者各有各的成功之道。宜家成功的宣传依靠的就是那位战功煊赫的功臣——商品目录，它已经风靡欧美，人们可以不去购买宜家的商品，但是一定要拥有一本商品目录。宜家进入中国以后，当坎普拉德正欣喜地等待着那些精美的图片"飞"遍中国大地每一个角落的时候，却发现，他一向引以自豪的商品目录，遭遇了从未有过的"滑铁卢"。

宜家目录在欧美市场是每年秋季发行，采取免费派发的形式送到消费者手中，这样可以让自己的目标客群定位更加精准。在目录中有详细的宜家商品资料，其中包括新年新品、样式、款式、规格、功效以及安装方法等等，非常详细，人们即使不去宜家卖场，仅凭一份目录也可以将宜家的商品了解个大概。

在中国，这种方法行不通。中国的写字楼，大多数不允许外人随便进入，普通民宅对陌生人进入审查标准就更为严格，在多数情况下，宜家没有办法将目录亲自送到顾客手中；如果改用邮寄的形式派发，邮费又太过昂贵了，这样就无形中增加了商品的成本。宜家的成本控制并不体现在某一个环节上，而是对整个运营过程的掌控。

商品目录是宜家的一个传统特色,坎普拉德不可能放弃,既然商品目录无法走近中国的老百姓身边,那么就只能想办法进行改革。

宜家不得不将自己厚厚的一本目录压缩成一个简单的小册子,这样既节约了成本,又可以进行街头派送,避免了进入写字楼的麻烦。这样做又带来了另外一个问题:变成小册子的商品目录真的成为了一本"目录",解决了派发的难题,同时也失去了通过目录展示宜家商品的价值。

后来,经过再次革新,宜家又重新发行了一些较厚的宜家目录,里面的内容根据中国人的阅读习惯做了改变,将商品融入到了真实的生活场景当中,而不完全是宜家商品的罗列及简介,其中精美的图片简直让读者觉得就是走进了平面的宜家卖场。这样,宜家的商品目录终于被中国的广大消费者所接受,有人甚至将这份目录当成一本制作精良的杂志,进行收藏。

传统

忘记传统就意味着毁灭。宜家为中国作出了改变,但是源自于宜家精髓的特质,宜家是不会放弃的。

宜家坚持只卖自己设计的产品;那些价格低廉、设计新颖的小商品,依然摆放在卖场的明显位置;在卖场出口的地方,依然有测试仪供顾客进行质量测试等等,这些都是宜家的灵魂和特色,无论如何进行本土化改革,宜家懂得,该坚持的一定要坚持。

宜家的商品始终保留着欧美风格,这种异国情调也正是吸引中国消费者的原因之一。特别是中国的年轻人,他们渴望新鲜,渴望改变,他们早已厌倦了父辈们代代相传的老旧、陈腐的家具,宜家所带来的欧陆风情让他们的精神为之一振，而较低的价格又在他们的承受范围之内，这正是他们所需要的家具，这样的家具才能用来打造他们梦想的家！

宜家独特的体验式购物在中国是从未有过的。中国的商场里，消费者看惯了"非买勿动"的牌子，也习惯了被服务员紧紧跟随的购物环境，而来到宜家，人们才真正感受到了什么是"消费者就是上帝"。即使不买任何东西，你也可以来宜家卖场里逛一逛，到处看一看、摸一摸。在宜家的样板间里，你可以自己拍照，感受一下家的别样情调。宜家的工作人员经常能看到有人在售卖的床上睡觉，而他们被告知，千万不要吵醒这位熟睡者！

宜家的管理是人性化的。宜家来到中国以后，招聘了大量本地员工，经过专业培训后上岗，除了重要管理层，其他岗位全部都是中国员工。他们不会轻易惩罚一位员工，而是提倡"以身作则"的管理方式，提倡"榜样的力量"，他们会对来自宜家内部的管理人员提出要求，用他们的做法去感染每一位员工，而不是用那些条条框框去限制员工。

3. 浪漫电梯间

跨国企业每到一个新的国家和地区，他们所面临的，不仅仅是文化上的差异，还有消费习惯的不同。如果将这两个大问题都解决了，那么其他问题都可以迎刃而解。

在中国，家具属于大件商品，大多数中国家庭对家具的更新速度是相对缓慢的，如果不搬家，则很少有人去更换家具，他们会将现有的家具，一直使用到搬新家的时候。这除了中国目前的人均收入水平相对较低，还有一个原因就是，家具的体积确实有些庞大，搬来搬去的实在太麻烦了。

没有更新就没有消费，宜家只有让中国人的消费理念发生转变，才有可能让自己在中国的营业额大幅上升。

然而这一次，宜家没有打算进行生硬的广告宣传，而是将目光瞄准了电梯间。想想看，每天会有多少人出入电梯间？人们可以随时改变自己出行的交通工具，却不能不乘坐电梯回家。那么，在电梯间内摆放宣传展板？不！你又错了，那样的效果并不是最佳的，宜家酝酿的"浪漫电梯间"计划悄然出炉了。

那一天的清晨和每天没有什么不同，早晨的忙碌让城市的节奏开始变快，用过早餐后，收拾妥当的人们走出家门，开始自己或平静或不平静的一天。

住在高层的居民要乘坐电梯出门，可就当电梯门被打开的那一瞬间，所有人都惊呆了：这是每天都要面对的那个枯燥乏味、四四方方的电梯间吗？这简直是一间别致的卧室啊！几样简单的家具就让这小小的电梯间焕然一新，两个精美、小巧的花瓶里，不知道被哪位细心的人插上了几朵鲜花，让整个电梯间更加生机盎然。一天的好心情从此刻开始，几乎所有人都爱上了这个每天进进出出却毫无新意的电梯间。甚至有的人为了再次体验这种新鲜的感觉，有意多乘坐了几个来回。

起初，人们以为这是物业服务的一次革新，可是没过几天，电梯间竟然又换了另一种截然不同的风格。物业不可能如此大手笔！当人们对电梯间充满好奇与关注的时候，谜底被揭晓，"幕后策划者"宜家浮出水面。人们知道这是宜家的杰作后，竟然有些感动，一下就爱上了这个家具品牌。

宜家再一次获得了成功。此次营销策略，目的就是告诉人们：改变是多么的重要，家里只要有一点小小的改变，你的心情就会大不同；一成不变，只会让生活变得乏味。宜家先要让人们接受的不仅仅是它的商品，更重要的是一种生活理念、一种快乐的生活方式。

很快，宜家得到了中国消费者的青睐，至今，宜家依然是众多白领的最爱，有许多白领装修新家时，都会照着宜家样板间的样子去设计，而家具，全部都是宜家品牌的，如果其中有一件不是宜家的，会忽然觉得哪里别扭。让自己的家变成纯粹的"宜家"，这是很多人愿意做的事情。

4. 春节营销计划

每个国家都有属于本国的节日文化。在中国，最重要的莫过于春节。每当春节来临，几乎中国所有的企业都会放长假，本地人借此机会好好休闲一下，外地人则千里迢迢回到家乡，与家人团聚。

在春节假期里，放假的不仅仅是企事业单位，还有各大商场——商场的员工也需要回家过春节。这样就产生了一个独特的现象：平日里，由于人们工作繁忙，无暇购物，很多人就等着春节放假把想要购买的物品一次性采购完；可是到了春节，自己终于放假了，商场也同时放假了，采购计划就此搁浅。

特别是家具、建材等物品，人们更需要利用一个小长假去采购。很多人家在将要住进新房之前，喜欢利用业余时间一点一点地装修，像蚂蚁搬家那样动手亲自打造自己的小家，装修好之后，先不急着入住，放一放屋里装修的味道，待到春节假期，全家人一起上街，把喜欢的家具搬回家，在新年开始的时候住进新家。多么惬意啊！

但想象与现实终究是有差距的。春节期间的中国，全国各地都在放假，很少有商场还在正常营业，虽然人们享受着节日的轻松和愉悦，但也有一些小小的遗憾，放假的商场让自己的假期变得不那么完美。

细心的宜家当然发现了这一现象。宜家进入中国不久，就推出了一套春节营销计划。

宜家只在初一放一天假，因为在除夕夜，中国人习惯"守岁"，有的人可能会通宵熬夜，所以大年初一这一天，很少会有人在街上闲逛。从初二开始，宜家就正常营业了。事实上，春节期间的营业额确实是逐天上涨的，有时候，春节期间的运营情况，可能会决定宜家全年的销售额。

除了营业时间上的调整，在春节前夕，宜家还会启动一系列促销计划，例如春节优惠政策等。宜家还会推出若干套春节主题的样板间，浓浓的中式风格迎合了中国的传统节日。一直以来，宜家都不仅仅是售卖商品，他们的宗旨是"做老百姓买得起的家具，为老百姓的家居难题提供解决方案"。很多等待购买新家具的消费者，都会迷上宜家推出的春节套系。

5. 全面进入中国市场

上海徐家汇的宜家卖场成了宜家在中国的一块"试金石",在上海遇到的问题,在中国其他大中城市仍然会遇到。经过一段时间的调整,坎普拉德意识到,宜家在中国的市场已经日渐成熟,他们了解了中国人的消费水平和消费习惯,从此,宜家开始在中国的其他城市开设分店。

1999年1月13日,在北京的第一家宜家家居店开张了。这真是一场空前的盛况,人们早早地就在那里排起了长队,等候着宜家的正式开张,队伍甚至找不到队尾。在离宜家不远处的地方,停放着许多车辆,曾一度造成交通拥堵。

宜家店内,人们流连于每一件商品,似乎对每件商品都爱不释手,他们斟酌着手中的钱,认真地挑选着自己最需要且最中意的商品。

热情的北京人在两个星期内将宜家店里所有展出的商品抢购一空。这次宜家店的开业,几乎成了北京中产阶级的一次集体行动,他们需要改变自己的生活质量,对生活的小细节追求完美和个性化,对家的体验有极高的要求。宜家家具的价格令他们心动,来自欧美的时尚气息更是深深地吸引了他们,有的人甚至在7天之内6次光顾宜家。

自宜家进入中国以来,其每年的营业额始终呈上涨的趋势,由于低价原则,虽然增长额度在逐年下降,但是每年对比的基数却是逐年增加的。最近,宜家有一个惊喜的发现:在最近的一次宜家消费者调查资料中显示，普通收入的大众有所增加，这才是宜家最想要的收获。

宜家在中国，始终主打文化牌，它以自己的企业文化为根本，通过调整营销策略，逐步融入到中国文化的背景中来，以一种真诚的态度打动了中国人。至今为止，宜家在中国的深圳、成都、天津、大连等多个城市都开设了分店，许多中国的白领仍然喜欢将宜家家具作为自己购买家具的首选。

截止到2011年，宜家在中国的销售额已经达到了49亿元，虽然其在中国只有11家店。相对于大型连锁超市沃尔玛，宜家的销售能力显然更胜一筹，沃尔玛在中国有370多家连锁店，但是其销售额只有2.3亿元。在中国，你找不到与宜家的销售模式类似的家具卖场，正因为如此，人们更爱宜家。

宜家在中国的投资比较谨慎，但是它在中国的梦想不会停止，宜家中国的负责人也表示，他们希望宜家能够达到像沃尔玛那样强大的覆盖率。这并非一个天方夜谭的想法，宜家秉承自己一贯的作风，对中国做了反复的调研，正在继续针对中国的变化而改变自己的策略。

现在的宜家，不会再犯初来中国的错误，在对本地区不了解的情况下盲目扩张，到头来只能是失败。目前的中国与宜家刚刚进入时的中国相比已经发生了翻天覆地的变化，宜家也做了大量功课来解构中国的家庭状况，更多地了解中国人的消费习惯。

宜家中国区零售业务总裁吉丽安曾谈到，中国有着全球最庞大的人口，虽然每个家庭对居住条件的要求都不相同，但是从中可以找到共同点，比如，大多数年轻人都希望家里有一个属于自己的比较私密的空间；都市白领厌倦了城市的烟尘弥漫，很希望家里有一片栽种绿植的地方；三口之家一般都会给孩子装修一间儿童房；经济条件较好、居住面积较大的家庭会让家的房间具备更多的功能性，比如影音室、储物间等等，宜家会针对这些需求进行专向营销。

　　在家具的结构上，宜家也作出了相应的调整，比如，考虑到大多数中国住房户型特点，卧室里没办法摆放一张适用于40平方米卧室的床，因此，宜家在中国出售的床，尺寸整体作出了调整。其实，无论宜家作出何种改变，简单地说，就是用家具和中国的消费者进行情感沟通，给中国人一种心贴心的感觉，距离拉近了，在中国前进的脚步自然就顺利了。

第七章 经营快乐的宜家

我们一直在说，坎普拉德是一个经营快乐的人。家具与人们的生活息息相关，如果不能将快乐带给人们，那么这个家具企业注定要走向失败。坎普拉德当然不会犯下这样的错误，因为他本身就是一个快乐的人。每一个来到宜家的人，都能体验到快乐购物的感觉，坎普拉德让消费也变成了一种快乐。

1. 传奇从库根科瓦开始

坎普拉德进军波兰的决定，不仅解决了商品供不应求的难题，还使宜家的销售额有了大幅度提升。也就是说，坎普拉德收获了一大笔资金。

坎普拉德利用这笔资金，在斯德哥尔摩的库根科瓦开设了宜家第一家超级家具卖场。谁都无法预测未来，虽然对商场的发展坎普拉德信心十足，但他没有想到，后来发生的事情，竟然使这家商场成为了宜家历史上的一座里程碑。

库根科瓦的这家新店，总面积为4.28万平方米，总价值达到了1700万克朗，这1700万克朗全部出自坎普拉德个人。如果没有那次向波兰的扩张，坎普拉德也没有能力开这家店。

商场的建筑设计由一位叫做克莱斯·纳特森的城市设计师来完成。他的环形设计理念，更加适合内部家具的摆设——这样可以更大程度利用有限空间，而不至于使那些拐角的空间浪费掉。

商场的总经理由汉斯·阿克斯担任。汉斯是坎普拉德的老朋友，他出身于斯德哥尔摩南部的一个工人家庭。就在1963年的秋天，坎普拉德找到了阿克斯，并向他递出了"委任状"。坎普拉德赋予了阿克斯无上的权利，他可以全权处理商场的所有事宜。

正是坎普拉德的信任，给了汉斯·阿克斯一个大展拳脚的空间，让库根科瓦的新店成为了一个创造奇迹的地方。

在商场的顶楼上，你会看到两块招牌：向着高速公路的南门，写着"宜家"，而北门的上方，则是"家具——宜家"。为这，当时还起了相当激烈的争执，坚持使用"家具——宜家"的会计师埃兰·克劳瓦尔认为这样能够体现宜家的特色和经营范围，而阿克斯则认为这样会将商场仅仅局限于家具领域，很可能会损失一部分客户，因此坚持只用"宜家"两个字作为商场的招牌。争论没有结果，最后，只好作出了妥协。

1965年6月18日，商场正式开业了，在商场门口，人们正排着长队等候，情景就像中国在春运期间人们买火车票，等候的队伍根本看不到尽头。商场大门一开，人们蜂拥而入，秩序顿时混乱了，确切地说，根本就没有什么"秩序"可言，人们疯狂地抢购着自己中意的商品，场面一时难以控制。在商场开业的短短12天里，营业额就已经达到了宜家历史的最高点。

实际上，早在商场筹建之时，阿克斯就报出了全年销售额的预算——3500万克朗，这个数字已经十分大胆。但是在1964年秋季，《家居》杂志对宜家进行了系列报道，阿克斯看到了市场的前景，于是把销售额的预算做了调整，提高到6000万克朗！这就有点匪夷所思了，几乎所有人都认为，这是一个不可能完成的任务。

谁都没有想到，商场刚刚开业就出现如此火爆的现象。这是一个好兆头，阿克斯预算中的那个天文数字或许能够实现。事实却是，在商场年度结算之后，人们惊喜地发现，年销售额是7000万克朗，远远超出了阿克斯当初所给出的6000万克朗。

偶然之中存在着一定的必然。

库根科瓦商场在开业的第一年就达到了如此高的营业额，除了人们对宜家的信任和认可，还有一些客观原因：

1965年，瑞典政府决定向民众征收增值税，虽然税点只有3%，但是作为普通百姓，都想在新税法实施之前为自己节省一点开支。因此正是政府的这项举措，引发了购物狂潮，才出现了上文中提到的开业当天的混乱现象。

其次，商场的地理位置也决定了它的销售业绩。这家商场位于库根科瓦的郊区，土地的廉价首先降低了商场建设的成本。郊区人烟稀少，却为商场提供了宽敞的停车场和便利的交通，很多人宁可走很远的路来到宜家，也不愿意被堵在城市繁华的道路上。

再次，商场的营业时间也起到了一定的作用：11：00—19：00，正好错过了城市交通的早晚高峰时段，人们可以悠闲地驱车前往库根科瓦，漫步在商场中挑选自己所需要的商品。商场员工也喜欢这样的工作时间，他们可以两班倒，在这里工作一个星期以后，就可以有一个星期的假期，这样的生活既充实，又没有太大的压力，大大提高了他们的工作热情，也能更好地为顾客服务。

2. 一场大火后的凤凰涅槃

宜家似乎注定要在磨难中成长，库根科瓦的商场营业额逐年攀升，坎普拉德看到了它的美好前景。就在坎普拉德准备再次扩大经营规模的时候，商场的电路短路，引发了一场空前的大火，让坎普拉德的计划付之一炬。

顶楼的那两块牌匾在熊熊的大火中燃烧着，慢慢倒了下去。最后，大火被扑灭了，所幸没有人员伤亡，整个商场面目全非，被浓烟熏得漆黑的墙面上，再也找不到那黄蓝相间的亮丽的色彩。人们扼腕叹息着，甚至有人认为，这间曾经热闹非凡的家居店，或许就要从此销声匿迹了。

然而，"塞翁失马，焉知非福"。

这场巨大的火灾为宜家带来了2300万克朗的保险理赔，这在一定程度上弥补了商场的损失，同时，还引发了一场"大火"经济。

经历了大火的灾难，宜家将"幸免于难"的商品降价销售。人们早就想到了这一点，像疯了一样涌向库根科瓦，许多人甚至支起了帐篷在那里彻夜等待。不过是宜家的一次"减价处理"所剩商品的行为，但大家好像在迎接一个神圣的节日，等待的人群中，居然有一伙人在他们驾驶来的房车里举行了一场小型的家庭龙虾酒会，商场的经理也被邀请参加他们的party！

第二天，高速公路上排起的队伍长达5公里，人们抢购的热情近乎歇斯底里，所有商品的价格降幅不低于50%，有的商品降价已经达到了90%。即使是那些因大火的焚烧而有些瑕疵的商品，也都被人们抢购一空。

经过烈火的"洗礼"，1971年3月，库根科瓦商场重新开张了。仿佛涅槃重生一般，宜家重新绽放了自己的光芒，不仅商场内部的装修风格焕然一新，一些更加现代化的经营模式也在悄悄进行着。从此以后，这些全新的经营模式被宜家当作传统保留了下来。

自助服务

自助服务业在今天已经是司空见惯，而在上世纪70年代，则是一件新鲜事物。在宜家新商场的出口处，收银柜台的出现预示着这种新兴销售模式正在展开。

你可以在商场里自由地徜徉，即使不想购物，看着那些样式各异、色彩斑斓的家具商品，心情也会大好。没有人像防贼一样地盯着你，只有微笑式的服务，你甚至可以在一张软绵绵的大床上美美地睡上一觉。

选择好心仪的商品，你不必向谁示意，径直走向收银台付款，那些东西就完全属于你了。

整个购物过程轻松、愉悦，没有服务员在旁边唠唠叨叨，没有保安人员紧随其后，不必买一件商品付一次款。宜家首创的体验式购物模式受到了广大消费者的一致欢迎。

家居DIY

把买到的家具搬回家，拆开包装，你可以根据里面附带的说明书，自己动手组装家具。如果你有更新、更好的创意，完全可以不按照说明书上的方法来安装，而设计出一个全新的样子。看着自己亲手组装起来的家具，那种成就感油然而生，于是你会决定，下次买家具，还去宜家！

其实，自主安装这样的做法看似给了顾客更大的自由空间，而从另一个角度，却达到了宜家的目的：顾客承担了家具销售中工作量最大、成本最高的两个环节——运送和组装。顾客没有因此而感到麻烦，反而认为给自己带来了更多的乐趣。宜家的这种销售模式，实现了顾客与商场的双赢。

儿童游乐室

新开张的商场的入口处，增加了一个儿童游戏室，那是孩子们的天堂。这个看似与家具销售毫无关联的举措，为宜家的销售额提升增加了新的筹码。它不仅提升了消费者对宜家的好感，而且让顾客感受到了宜家细心、周到的服务。主打"娃娃牌"，这是再聪明不过的策略。

自从有了儿童游戏室，许多孩子来过一次之后，还想来玩。有时大人们并没有购物的打算，但是宝宝强烈要求去宜家的游戏室，没办法，大人只能跟着。而在孩子玩得正兴起的时候，大人们无聊，就可以在商场内闲逛，看到一件十分中意的东西，就会决定买下它。这种情况下的购物都不是在消费者计划之内的，"意外收获"成了宜家利润的增长点。

现如今，儿童游戏室已经成为宜家的重要组成部分，分布在全球各地的宜家商场中，成为其最重要的标志。

库根科瓦商场的成功是一个典型的案例，在宜家的历史上具有长远的战略意义。它不仅创造了宜家历史上的许多个第一，由此开创的经营模式，如今在宜家所有分店中得到了推广，并成为宜家家居一大特色。

成立餐饮部

餐厅服务是宜家家居的又一特色。在遍布全球的宜家商场里，你都可以吃到独具风味的斯马兰美食，那正是来自坎普拉德家乡的味道。在这之前，坎普拉德还没有想到在宜家的餐厅里设置什么样的美食。

餐厅的设立缘起于库根科瓦商场。在那场火灾发生的5年以后，商场重新开张。没想到开业当天，门外排队等候的人竟然将整条街都堵住了。

如此"火爆"的场面是坎普拉德始料未及的。在开张之前，为了体现宜家细心周到的服务，坎普拉德特意在商场的二楼开设了一个小餐厅，提供一些免费的饮料和甜点，但是开张之后顾客的热情让坎普拉德担心甜点是否充足，因为在开业之初，他曾承诺甜点是足量供应的。好在人们疯狂迷恋的是宜家的商品而非食品，新鲜出炉的糕点满足了人们的需求，餐厅也被当成宜家的标志性符号被保留了下来。

一次，坎普拉德在奥斯陆的一家餐馆就餐，那家餐馆提供的食物号称是斯堪地纳维亚美食，而坎普拉德吃着并没有什么特别之处。他想："什么是斯堪地纳维亚美食呢？斯堪地纳维亚人都在吃什么呢？这些食物又能否出现在宜家餐厅？"

这个想法始终萦绕在坎普拉德的脑海中，为此他还去请教了一位当地文化界的名人——麦茨·兰伯格。麦茨听了坎普拉德的想法后，一句话点醒了梦中人："为什么一定要找到斯堪地纳维亚的美食，斯马兰特色美食不是更好？那里才是专属于宜家的味道啊！"

于是，一份经典的宜家餐单诞生了。斯马兰美食似乎比斯堪地纳维亚美食更受人们的欢迎，很多人来到宜家商场，仅仅是为了到餐厅吃上一份宜家肉丸，而这种宜家肉丸也成为了世界畅销的食品。

从此以后，坎普拉德将商场内设置的小餐厅改成了宜家的餐饮部,并且成为每个宜家商场内配套的设施之一。

其实,宜家餐饮部的成立,归根结底源自于坎普拉德的思乡情结。坎普拉德走遍全瑞士,也没能吃到像在斯马兰那样好吃的肉圆和热狗,所以,他把那种味道带到了宜家,又带到了全世界。今天,作为一个家具经销商,坎普拉德的餐饮部已经是一个十分重要的部门,1997年的营业额已经达到了16亿,而且只此一项在瑞典对外出口总额中就达到了7亿。

3. "热狗"经营技巧

每当你在宜家商场闲逛的时候,总能在十分显眼的角落里看到一些小巧、可爱,而且价格十分低廉的小物件。对于这样的可爱小物件,很多人特别是女士都没有"免疫力",只要看到了,一定要把它收入囊中。在全世界的宜家商场中,都有这样的小商品,对消费者而言,这些小商品实在不起眼,喜欢就买走,不喜欢连看都不会看上一眼。但对于宜家而言,它们同那些大件家具一样重要,就是这些"不起眼的小玩意儿",每年能够为宜家创造上亿的利润。

这些价格比其他商场低出许多的小物件、小摆设,在宜家被叫做"热狗",只要你足够细心,在宜家总能找到许多这样的"热狗"。

3+1+1原则

喜欢吃热狗的人都很熟悉它的价格,每只热狗至少也要10~15

克朗，而在宜家商场，你只要花上5克朗，就能买到一只香喷喷的热狗。最重要的是，价格如此低廉，味道却十分独特，那是来自一个叫做斯马兰的冰原小镇所独有的味道。别小看了这样一只小小的热狗，就是因为它好吃又便宜，为宜家商场赚足了人气，成为宜家餐饮部最大的功臣。

热狗可以做到价格如此低廉，其他商品一定也可以。渐渐地，宜家的商场里出现了许多这样的"热狗"。这是宜家独创的一种营销手段——"热狗经营学"。

所谓"热狗经营学"，就是商品的定价采用3+1+1的原则，即：3个克朗归生产者，1个克朗归国家（比如税收等等），1个克朗归自己。坎普拉德不停地为宜家寻找可以成为"热狗"的商品。

下一只"热狗"

有一次，坎普拉德在竞争对手的商场里看到了一种高脚的啤酒杯，（坎普拉德经常扮成顾客"出没"于别人的商场中，以便知己知彼，百战百胜），当他把啤酒杯拿到手里的时候，一下就被它吸引了：它的手感非常好，有沉重感，手柄的位置也刚刚好，杯体的玻璃很厚，做工十分精湛。这种啤酒杯，一看就是只有在高档酒会中才会出现的酒杯。

这样一只杯子，即使不用来喝酒，摆在家中也会令人赏心悦目。坎普拉德爱不释手地看着这款杯子，拿在手里把玩了很久。而当坎普拉德看到它的标价时，他被吓住了：那价格贵得惊人，不是贵，是昂贵！

坎普拉德看着手中的杯子出神：老百姓一定不愿意花那么多的

钱去买一款可有可无的杯子,这么好的东西被束之高阁,简直是浪费,能不能让它再便宜一些呢?

坎普拉德花钱买下了这只高脚杯,拿回自己的公司,对采购部经理说:"我想要1克朗拿到这种杯子,有可能吗?数量要200万只。"采购经理看看杯子告诉坎普拉德:"很抱歉,我做不到。如果一次购买500万只或许还有可能。"于是,经过讨论,坎普拉德的想法得到了产品部经理的支持,最后,采购部找到了一家供货商,愿意以1.08克朗的价格提供货源。

杯子上市了,它的价格是5克朗一只。在其他商场,这样的啤酒杯至少要卖到10克朗。即使这样,坎普拉德还要再算计一下:既然是啤酒杯,那就没有只卖一只的道理,即使是当作装饰来用,只在家中摆设一个也不好看,于是,坎普拉德决定,这种杯子的零售价为5克朗,而花上10克朗,就可以买回3只。

坎普拉德成功了,杯子的销量直线上升,5克朗一只的高脚杯,成了宜家的又一只"热狗"。

其实外行可以用一个很简单的经济学原理来解释宜家的"热狗":就是薄利多销嘛!你千万不要跟坎普拉德说什么"毛利率"、"百分比",坎普拉德会告诉你:百分比究竟是个什么东西呢?还是先看看你自己的口袋里有什么。

宜家曾经出售过一种命名为"邦"的杯子,这款杯子小巧玲珑、设计新颖,一经上市,就引起很多人的关注。但是仔细观察你会发现,当顾客流连于宜家商场的时候,"邦"的命运往往是看的人多,买的人少。所以,它的销量并不好。

相关人员调查之后发现,"邦"在上市之初的定价为10克朗,虽然它的外观和质量都配得上这个价钱,人们还是觉得有些贵了,消费者的心理价位只有5克朗。坎普拉德想，把价格降到5克朗又何妨？

每个人都觉得这个定价不可思议，坎普拉德说，如果按照原来的10克朗定价，那么或许每只杯子的单价可以多赚到一些经济学家所谓的"毛利率"，但是那样我们只能卖出去50万只。降低了单价以后，看似我们的毛利率在减少，但是每年我们能够卖出去1200万只，到底哪一个价钱更划算呢？

口袋里的学问

看看你的口袋里有些什么，这才是坎普拉德的经济哲学。

更多的"热狗"在宜家商场中出现，坎普拉德总能找到新的"热狗"。对于这种"热狗"，宜家所要做到的不是"价格低廉"，而是"惊人的低廉"，坎普拉德称之为"梦幻价格"。它有让你看到就瞠目结舌，好像在做梦的感觉，再加上商品本身质量上乘、设计新颖，大多数人看到后都会爱不释手，特别是家庭主妇们。如果已经在商场买了许多东西，那么也不会在乎多买上一件"梦幻价格"的小物件啦。

而宜家真正的热狗，多年来，它一直都是5克朗。宜家内部也曾经讨论过，随着原材料价格的上涨，热狗的成本也在上涨，那么每只热狗的零售价是否可以上调到6克朗或者7克朗呢？

坎普拉德给出的答案是：NO！如果那样的话，就等于放弃了整个"热狗计划"，梦幻价格就是要瞬间打动人，要"远远"低于平均市场价格，才能达到出奇制胜的效果。几乎在全世界的宜家商场里的热狗，都遵循着5克朗一只的价格。由于各国货币比价不一样，那么也就是说，在某些国家，可能只需要一枚硬币，就能买到一只味道独特又如此美味的热狗！

4. 宜家永不上市

一个企业的长远发展，资金是最重要的问题，只有充足的资金，才能保证宜家的正常经营，只要资金链条不断裂，宜家的运转就能照常进行。在20世纪90年代，许多人都建议坎普拉德将宜家公司挂牌上市，对于这样的建议，坎普拉德一概置之不理。

坎普拉德有自己的想法，他认为，即使公司上市能够得到很大一笔资金，那终究不是自己的钱。这么多年以来，宜家一直都是自筹资金，从来不曾亏欠任何人，一旦公司上市，就意味着宜家要拿着别人的钱去做生意，这样做是有风险的。

坎普拉德还认为，公司的发展不仅仅是有了资金就万事大吉，钱并不能决定一切。企业文化、产品质量、经营策略等等，这些才是宜家立足的根本。总而言之，精神力量是一个企业的灵魂，只有这种凝聚在企业内部的精髓代代相传，才能够让宜家永远立于不败之地。

坎普拉德"不上市"的决定得到了董事会的认可，这是坎普拉德没有想到的，事实上，公司挂牌上市确实不是明智之举。一直以来，宜家始终处于行业的风口浪尖，坚持"走自己的路，让别人说去吧"，用自己的钱做自己的事，不曾授人以柄。一旦上市，宜家将会承受更大的压力，媒体会将宜家盯得更紧，出现点风吹草动，就会引起轩然大波。

就目前宜家的状况而言，挂牌上市就等于把宜家扔进了一个相对固定的大环境里，这个大环境中有一定的游戏规则，宜家必须遵守，这样，宜家就失去了曾经的自由，这是坎普拉德所不愿意接受的，他喜欢制定规则，而不是被迫遵守别人的规则。坎普拉德认为，那些规则会迫使宜家一味地追求利润而置产品的质量于不顾，宜家没有选择的自主权，最终会成为利润的牺牲品。

还有一个原因，也是董事会支持坎普拉德的理由：宜家上市虽然能够得到一大笔资金，代价也是昂贵的。上市之后必须定期给各股东分红，看上去整体的资金丰厚了，实际上宜家的自有资金减少了，而宜家需要这些自有资金来维持自己的重大决定。

至今为止，86岁的坎普拉德已经不再过问宜家的事务，但是如果有人问起，坎普拉德依然坚持宜家"永不上市"，他要保持宜家资金的自给，不想受制于任何人。无论上市与否，坎普拉德所为之努力的，是让宜家的品牌变得强大，让宜家无论经历怎样的暴风骤雨都能岿然不动。

5. 宜家的"移家"

宜家曾有过一段"在路上"的经历……先别急着惊喜，这一段经历并不浪漫，也不精彩，确切地说，是坎普拉德为宜家的未来而进行的若干次"乾坤大挪移"。坎普拉德是一个有远见的人，他希望将宜家做成一个民族品牌，世世代代地传承下去。即使在坎普拉德精力最充沛的时候，坎普拉德也无时无刻不在考虑自己"驾鹤西游"之后宜家的发展之路。即使自己最终将要一文不名，坎普拉德也希望宜家能够有一个长长久久的未来。

坎普拉德不希望任何来自内部或者外部的力量使宜家解散或者破产。

内部的力量当然是指坎普拉德家族的成员。他看过了太多因为遗产之争而闹得家破人亡的案例，坎普拉德不希望自己的亲人因宜家的利益而变得四分五裂。坎普拉德有三个儿子（他的养女并没有供职于宜家），为了避免家族的不和谐，他让三个儿子分别管理宜家的三个重要部门，就像"三足鼎立"一样，每一个人都拥有一部分宜家的决策权，但是每个人都没有绝对的专权。

来自家族内部的问题，坎普拉德可以自行解决，而来自外部的力量让坎普拉德煞费苦心。宜家公司一步一步地对外扩张，已逐渐发展成为跨国集团。无论企业多大，总要有一个核心，宜家总部的确立，曾让坎普拉德焦头烂额。

按理说，宜家缘起于那个叫做斯马兰的冰原小镇，以坎普拉德对故乡的那份眷恋之情，他一定会把总部设在瑞典。如果综合考虑宜家目前的状况，坎普拉德犹豫了，他把宜家发展得越大、越好，其税收也就越高，按照宜家目前的收入计算，它的税收也是惊人的。

为了避免高额的税收对宜家的资金形成限制，坎普拉德和宜家开始了迁徙之路。

经过一番周密细致地调查，坎普拉德发现，丹麦目前的税收政策更适合宜家的发展，于是，坎普拉德决定将宜家的总部迁往丹麦。

在迁移之前，坎普拉德还是要遵守瑞典关于资本出境的管理条例和法律法规。坎普拉德找到斯德哥尔摩的国家税务委员会，把自己将要迁移总部的计划和盘托出,他很真诚地向税务总监讲述了自己目前的状况和迁移的目的。总监听了以后表示理解,并对坎普拉德说:"我当然会照章办事,而且我保证不会破坏你的计划。"

移民丹麦的计划得到了瑞典税务委员的许可。接下来,坎普拉德又拜访了丹麦的税务总监。同在瑞典一样,坎普拉德将自己要把宜家总部迁往丹麦的真实想法详细叙述了一遍,他告诉总监,他愿意承担自己个人名下所有的税收项目,但是希望宜家公司能够得到一定程度的税务减免或其他优惠政策。丹麦总监同意了坎普拉德的请求,并向他提供了几种可选择的方案。

同时得到了两个国家的允许,坎普拉德的移民计划顺利进行。其实,坎普拉德之所以要迁移总部,原因很简单,无非是想要逃避税收,但坎普拉德没有遮遮掩掩,他用合理合法的办法以及真诚的态度公然地"逃税",并取得了成功。

从宜家总部的此次迁移,我们看到了坎普拉德的处事方法,无论是与人沟通,还是经营自己的公司,他都始终坚持真诚的原则,用在中国比较流行的词汇,这叫"诚信"。其实,在很多情况下,真诚往往是比任何挖空心思想对策、耍手段更加行之有效的办法。你不必自以为是地欲盖弥彰,反而节省了很多时间。用"诚信"更容易攻破对方的心理防线,没有人可以无条件地信任他人,只有以诚相待,才是为人之道。

真诚的处事方法和做事原则,是坎普拉德成功的关键所在。

坎普拉德总是把公司的利益放在第一位,而自己的利益反倒不在意。移民丹麦以后,以坎普拉德在各分公司的收入,他的个人所得税是相当高昂的,对此,坎普拉德毫不在意,反而为宜家公司得到了税务上的减免而感到由衷地欣慰。

就这样，坎普拉德没费多少力气，就把宜家总部迁到了丹麦的首都哥本哈根。根据当地的规定，坎普拉德的身份是外国移民，他以及宜家公司可以享受移民的待遇。坎普拉德及其家人在丹麦幸福地生活了4年，而到了第5年，坎普拉德又打算把宜家总部转移了。

按照法律的规定，移居丹麦4年，坎普拉德就成为了当地的居民，当地居民是无法享受移民待遇的，那么宜家从瑞典迁移到丹麦也就失去了意义。宜家上下又开始一番考察和大讨论，最终，荷兰成为了当时的最佳选择。

当宜家在荷兰"定居"几年以后，随着时间的推移和一些政策的改变，坎普拉德觉得有必要在瑞士建立一个商业基地。于是，坎普拉德将宜家迁到了瑞士。在瑞士生活了5年，宜家在当地的情况也随之发生了变化，坎普拉德又想要转移了，但是这一次，坎普拉德的想法遭到了家人的一致反对。

坎普拉德的妻子玛格丽莎和三个儿子已经熟悉了瑞士的生活，他们都有了自己的朋友圈，在这里，他们生活得相当愉快，不愿意再过那种颠沛流离的生活，并且，孩子们也都上学了，他们也不想一次又一次地转学。他们已经习惯并适应了这里的环境，如果换一个地方生活，还要重新去适应。

面对家人的坚持和决绝的态度，坎普拉德妥协了，对于坎普拉德而言，任何事物都没有家庭来得重要。只有家庭和谐了，坎普拉德才能放开手脚，去应付一切难题。

最终，宜家的总部设在了丹麦，在荷兰有一个基金会、比利时有一个合作的集团公司，而宜家之父坎普拉德，则定居在了瑞士。

如今，在瑞士的一个小山村里，坎普拉德享受着悠闲自在的晚年生活。他和妻子玛格丽莎有着一栋不算太大的别墅，在别墅的周围，有着格外美丽的湖光山色，他们像所有的老人一样，每天伴着朝霞和夕阳，过着简单而又幸福的生活。

坎普拉德之所以会把宜家迁来迁去，是因为他想找到一个税收制度明确而完善的国家，这样，他就可以堂堂正正地经营，不需要为了避免税收对宜家造成伤害而经常转移。归根结底，坎普拉德是一个诚实而务实的商人。他曾说过这样一段话："每当我发现某个国家的相关税收制度是建立在鬼话和谎话基础上的时候，我就会毫不犹豫地离开。在那样的税收制度下，你所做的便是在申报时弄虚作假：申报的数额与实际发生额相去甚远。而当局则武断地规定所有备案的申报额均有虚假成分，并简单地将你所申报的数额乘以5或者10来计算你的应缴税额。鬼才知道这种事怎样才算完。

"对我来说，下决心离开这样的国家不是件难事。我才不想生活在这样一个国家——你会无端地就被看成一个违法者，尽管事实并不是如此。"

坎普拉德为了宜家的利益而走上了迁徙之路，宜家也发展成了一个跨国集团，旗下的家具卖场遍布全世界各大城市，甚至没有人去了解坎普拉德到底是哪个国家的人。只有坎普拉德自己知道，他对自己的故乡瑞典有着怎样的眷恋。这个从斯马兰小镇走出来的成功商人，经常因为突然看到和瑞典有关的东西而热泪盈眶。直到现在，宜家卖场的装修，始终坚持着最纯粹的斯马兰风格。坎普拉德仍然热爱瑞典的一切，冰箱里存放的瑞典腊肠，都会勾起他对那个冰原小镇遥远的回忆。

第八章 做老百姓买得起的家具

每当走进宜家，你总能感受到那种亲切、随和的氛围，他不像高高在上的贵族，端起姿态，从上往下俯视你，如果你不主动找他，那么他绝对不会搭理你。宜家是你的一位老朋友，闲来无事你可以到老朋友那里去逛逛，遇到家居方面的难题，你也可以在老朋友那里找到解决的方案。宜家与你永远是贴心的、平等的，他真正做到了把消费者摆在第一位，做老百姓买得起的好家具。

1. 家具面前人人平等

宜家之所以能够风靡全球，最主要的原因，就是它的商品价格低廉，但质量也丝毫不逊色于那些昂贵的品牌。宜家的"平民"姿态深入人心，"提供种类繁多、美观实用、老百姓买得起的家具用品"是宜家的口号，这种经营理念的形成，源自于那次坎普拉德所受到的"刺激"。

有一天，坎普拉德到意大利去参加一个大型的家具展销会，那些精致得近乎于完美的家具让坎普拉德十分兴奋。所有品牌的商品，无论是质量还是外观，都堪称一流，并且兼顾了实用性。坎普拉德想，这样的家具，能把自己的家里变成天堂！坎普拉德看了看商品的价签，当然也是惊人的昂贵，当时他并没有购买的想法，对价格的高低也就没有过多在意。

晚上，坎普拉德借宿在一个朋友的家里，白天所看到的一切仍然停留在他的脑海中。到了朋友家里，坎普拉德看到了什么？

一个构造简单、方方正正的衣柜摆放在卧室里；客厅里的沙发难看极了，坐上去也不怎么舒服；还有厨房里，一个电灯泡孤零零地挂在棚顶上，连个灯罩都没有。这与他白天在展会上看到的家具简直是天壤之别。

这件事让坎普拉德陷入了深深的思考：他的朋友是公务员，收入在当时算得上是中等水平，但是这也不足以购买昂贵的家具。坎普拉德明白，那样豪华的家具，对普通百姓来讲简直就是奢侈品，它们并不是为老百姓设计的，它们才是真正的"贵族"。

这次的意大利之旅让坎普拉德感到很难过：难道穷人就必须用如此简陋的家具吗？没有钱就只能让自己的家昏暗无光吗？于是，一个平民化的理念在坎普拉德的头脑中诞生了。一定要"做老百姓买得起的家具"，坎普拉德这样对自己说。从此以后，"提供种类繁多、美观实用、老百姓买得起的家具用品"的经营理念深入到了宜家的骨髓。

低价格也是宜家商品的灵魂。坎普拉德坚持做"老百姓买得起的家具"，始终坚持将价格中的水分全部榨干，浓缩的是商品质量的精华。

在价格面前人人平等，无论你是普通的百姓，还是达官显贵；无论你是百万富翁，还是中产阶级，来到宜家商场，明明白白的价格就摆在你的面前，谁也不能例外。

很多商场经常搞团购促销，这样做能够让自己的商品在销量上为利润争取加分。但是宜家从来不这样做。一方面宜家的管理权限比较复杂，这样做是为了保证自己对价格、销售等的记录和掌控；另一方面也是为了充分考虑到老百姓的利益，避免恶性价格竞争。

宜家拒绝团购，拒绝批量销售，即使是大宗购物的客户，宜家商品的价格也和零售价格一样，没有丝毫的变化。

曾经有一位宜家商场的总经理在接受记者采访时说："有一次，一家房地产商想要成批量购买宜家的家具，希望能够在价格上给予一定的优惠，被我拒绝了。"这就是宜家，坚持自己的原则，不为任何利益诱惑而改变，只为消费者服务。

宜家学会了换位思考，把自己当成顾客，这样，才能真正考虑到顾客到底需要什么，也才能够更好地为顾客服务。

坎普拉德经常装扮成普通的顾客到自己的商场里去购物，考察商品的价格是不是所有人都能接受，服务态度是否都能被接受，宜家还需要进行哪些必要的改革等等。

有时候，坎普拉德会带上自己的妻子，他的"演技"很专业，一边逛，还会一边和妻子交流："亲爱的玛格丽莎，你看我们是不是需要一支钢笔？你觉得那个沙发怎么样呢？"把自己假想成顾客，就会从顾客的角度去思考问题，也可以了解到其他顾客对宜家的态度怎样。

有时候，坎普拉德会真的在商场里购买几样东西，然后在收银处排队等候付款。他向每一位正在排队的顾客询问都买了什么，价钱是否足够便宜，用那么多钱买来的东西是否真的值得。有人会如实回答，有人会抱怨，更多人认为坎普拉德是个疯子。然而没有人知道，这个"疯子"就是宜家的创始人坎普拉德。

既保证质量又要控制价格，这是需要技巧的，只有降低成本，才能使零售价格随之降低，否则，这就是一项不可能完成的任务。坎普拉德做到了，宜家在降低成本方面，有独创的"套路"。

坎普拉德教会了每一位员工思考，从另一个角度想问题，宜家不仅赢得了利润，也赢得了消费者的尊重。

宜家的价格体系是其与其他家具商竞争制胜的法宝，除此以外，宜家也有自己独特的营销渠道。进入20世纪以后，宜家利用高科技手段，不断扩展自己的营销渠道，电话营销、网络营销、一站式服务无所不包。现如今，宜家的家具已经覆盖全球，在世界上的任何一个国家的某个家庭，都能够找到宜家的家具，从整套的家居装修，到一个小小的装饰物，宜家得到了全世界的认可。

除了做家居，宜家还将它的触角延伸到了其他领域，金融、铁路、房地产……做得也都十分成功。尽管如此，对于家居，坎普拉德始终坚守宜家的灵魂，因为，这个家具商卖的不是家具，是生活。

2. 小桌腿引发的大事件

在宜家之前，几乎没有谁愿意做家具的出口生意，因为运输的费用实在太高了。如果从瑞典运一件家具到中国，其运输成本相当于把一辆奔驰轿车运到中国，二者的利润又是天壤之别。许多家具商如果在国外开设商场，会先在本地建工厂，然后自产自销，这样就省去了运输的环节。

宜家是个例外。坎普拉德也会在别国建立工厂（那是从劳动力、原材料等方面综合考虑的），也会将家具出口，因为，坎普拉德是降低成本的高手！在运输上也不例外。

"一个小小的桌子腿"在宜家是一个标志性的事件。1953年，一批刚刚生产出来的桌子正在打包装，准备送往商场售卖。在包装的过程中，每一张桌子都使用一个大到足以装下一个人的箱子。工人们笨重地搬来搬去，工作效率非常低。当时宜家的首席设计师吉利斯·隆德看到那些巨大的箱子，抱怨道："四条细长的桌腿，几乎占去了箱子的全部空间，这简直是一种浪费。"

就在这时，一位工人在包装的时候不小心弄掉了一个桌子腿儿，他赶紧想办法找东西捆绑，企图将其复原。吉利斯见了灵机一动，他索性将剩余的桌子腿也拆了下来。奇迹出现了，被拆下腿儿的桌子看上去一点也不丑陋，最重要的是，这样做大大节省了空间，在运输车辆里每次装载的货物量可以成倍地增长。

一个小小的桌子腿开创了宜家"扁平式"包装的历史，从此，"扁平式"包装成了宜家节约成本的一大法宝。将所有的成品家具全部拆卸成"零件"，不仅节省了运输的空间、包装的成本，还节省了人力，人们可以利用省下来的时间去做更多有意义的事情。随着"扁平式"包装的不断改进，家具也不必每次都进行拆卸，只要在生产的时候直接按照一定的比例和规格生产零件，连安装的过程都免了。

这种"扁平式"包装虽然将家具组装这一最繁重的工作交给了消费者来完成，并且没有引起消费者的反感。每当顾客收到订购的家具时都会产生惊喜：拆开包装，他们看到的不是经销商早已安装好的家具样式——这样的家具让他们立刻没有了期待和悬念——而是一堆家具零件。

从那些大大小小的零件中找到产品说明书，按照说明书上的安装说明，认真地完成每一个步骤，可能会为找不到一个螺丝而焦急，也可能会为解决掉某个卡住的步骤而欣喜；可能会偶尔和家人简单交流几句,也可能会偶尔停下来思考一下。当安装终于完成时,看着自己亲手组装起来的家具,就像看着自己的一件作品,自豪感和喜悦感油然而生,这种乐趣只有在宜家购买家具才能享受得到。

现如今,"扁平式"包装几乎已经成了家具商们通用的惯例,坎普拉德开创了家具行业的新时代。只是有的商家同时配有上门安装服务,工作人员到顾客的家里为其安装,不管三七二十一,用熟练的技术快速将家具安装好走人,留下主人收拾安装后的残局,这种做法虽然节省了顾客安装的麻烦,却没能给人带来快乐。

既能够买到物美价廉的家具,又能够体验自己"DIY"的乐趣,何乐而不为呢?人们纷纷选择了宜家。

3. 你才是宜家的主人

可以说,坎普拉德并不是一个家具商,因为坎普拉德卖的不是家具,是快乐。来到宜家,你无时无刻不体验到购物的快乐。

走进宜家,你不会看到"非买勿动"的牌子,来到这里,就像到了一个老朋友的家,面对一些精致的小物件,你可以尽情把玩,不必小心翼翼的。你可以抱一抱那毛绒绒的玩具熊,也可以坐一坐那软绵绵的沙发。如果那个样板间让你十分心仪,没关系,拿起手中的相机,只要"咔嚓"一声,这里的一切就都留在你的相机里了。

如果此时你是出现在其他家具卖场里,你看到精美的沙发、舒服的床，还有那雪白的床单，你甚至都不敢走近它，生怕给人家弄脏了，这样的地方自然就让你产生了距离感。在一个让你陌生的环境里，当你对某一样事物敬而远之的时候，也同时就选择了拒绝它。而在宜家则不同，如果你走累了，你真的可以在一张你喜欢的大圆床上舒舒服服地睡上一觉而没有人会叫醒你。这就是宜家，让你永远有一种家的感觉。

如果饿了，在宜家的餐饮部，有来自斯马兰的廉价的美食供你享用，酒足饭饱之后，你才有力气继续浏览琳琅满目的商品。这也是宜家的营销策略之一，没有谁愿意饿着肚子逛商城，有一大部分顾客很可能因为饿了而离开商场。对于一家大型购物超市而言，消费者停留的时间，往往决定了它的销售业绩。

宜家充分考虑到每一个细节，在宜家商场里，每一个样板间的装修都是按照家里的真实场景呈现的，他们依照一般家庭的格局设置顾客流动路线，进门后有客厅，有厨房，有卧室，有卫生间，甚至连天棚举架的高度都和家里是一致的。有的样板间还标注出了准确的面积，这样做，是为了使消费者在购买商品时，不会因为参照物的原因而买到不合适的东西。

体验式购物又是宜家的一大创新举措。做"老百姓买得起的家具"，就要走进老百姓的心里，始终保持一种"平民姿态"。宜家的家具款式新颖、独特，简约而不失时尚的气息。宜家不仅赢得了普通大众的信任和认可，那些"高高在上的贵族阶级"，也开始走进宜家，成为宜家忠实的"粉丝"。

这就是宜家的魅力。无论你想要一个什么样的家，宜家都可以满足你。很多时候，人们来到宜家卖场，并不是为了购物，而是为了体验休闲，放松心情。宜家当然也想到了这一点，在宜家商场比较明显的位置上，经常会摆放一些很有创意、新颖别致、价格十分便宜的小摆件，比如一个十分可爱的杯垫，它的价格只有1美元。当你走到那里看到它，你会爱不释手，然后情不自禁地把它买走。

在其他的超市购物，你是否有过这样的经历：无论你走到哪个区域，身后都会跟着一个服务员，不厌其烦地为你介绍一款产品，喋喋不休，没完没了。这时，如果你对这位热情的服务员说："谢谢您的介绍，我只要自己挑选就好。"那么你马上就能体验到"翻脸比翻书还快"这句话的真谛，就像热情的火焰被冷水浇灭了一样，他立刻换了一张面孔，对你表现出鄙夷和不耐烦。此时，你购物的心情全无，只想赶快离开这里。

而在宜家商场，你完全不会遇到这样的情况，因为宜家的卖场里是没有服务员的。你可以在一个安静的环境里自由、舒心地购物。

宜家的每一件商品都有一个明确的标签，上面明明白白写着此商品的规格、型号、特性、功效，甚至是组装方法，任由你挑选和甄别。如果你喜欢，你只要到收银台去付款，那么这款商品就是你的了，从购买到组装，全部都由你亲自来完成，你就是你自己的主人，不会有人扰乱你的判断，因为宜家深深懂得，消费也是一种双向选择，只有让消费者自己决定，宜家才能真正走进消费者心里。

有人会担心：如果没有服务员，商品质量出现问题，怎么办？没关系，在每个宜家卖场的出口处，都有一个产品自动检测设备，这上面有早已被开关几千几万次的抽屉和被反复折叠、翻转的座椅。你完全可以把你选中的商品放在上面进行测试，直到你可以放心地将其买走。不是对自己商品有百分之百的自信，谁会这么做？

4. 宜家的人文关怀

一个没有爱心的企业家是可怕的，他可能会成为一个野心勃勃的征服者，也可能成为一个为追求利益不择手段的拜金主义者。作为一个家具制造商，更不能没有爱心，因为家具是家的一部分，没有倾注爱的家具，它放在家里只能是一件冰冷的摆设，丝毫不能给家带来温馨和愉悦。

坎普拉德用爱经营了宜家一辈子。如今的坎普拉德，不是企业家，不是金融家，不是野心家，只是一个快乐而又祥和的老人家。因为有爱，所以温暖，所以我们看到，宜家的商品，充满了人文关怀，这主要体现在以下几个方面：

首先，是对色彩的运用上。

说到宜家对色彩的运用，我们先从宜家的LOGO说起——黄色和蓝色的搭配简直是绝配。那是一种非常大胆的尝试。因为两个鲜明的裸色同时出现，这本身就象征着冒险和决绝。但是，剑走偏锋往往能够收到意想不到的效果——坎普拉德他成功了，人们记住了这个LOGO，记住了宜家。

在全世界的任何一个城市里，只要你看到黄蓝相间的建筑，你就能够想到宜家，虽然坎普拉德并不是一个盲目的冒险家。从宜家创办之初，冒险、挑战与理性相结合的气质就伴随着坎普拉德。一个不敢冒险的商人是不会成功的，因为他没有勇气冲破藩篱，也就没有办法让自己走得更高、更远。

黄色和蓝色更具有穿透力，它能让游客在很远的地方就看到宜家的牌匾。由于在欧美地区，宜家多建在郊区，人员稀少，周围环境色彩单调，宜家的颜色也就更加突出。蓝色和黄色的搭配最和谐，给人宁静、清爽的感觉。

在色彩心理学中，黄色代表着旅行、流浪，有一种在路上的感觉。我们走在中国的各大中小城市中，一般旅店都是黄色的建筑，他是行走中停留的驿站，稍加歇息后，就又上征途。而蓝色则代表着稳定、和谐、平静。跳跃的黄色被镶嵌在大块的蓝色之中，不正是家的感觉吗？一路行走，总有归宿。宜家，到了，这里，就是家。

从LOGO的色彩，我们延伸到宜家商品的色彩上来。坎普拉德是一个善于运用色彩的人。我们无法想象，如果没有了色彩，这个世界将会变成什么样子。每到节日，宜家会推出色彩套餐，做一系列专题来吸引宜家忠诚的顾客。情人节，宜家商场里会推出三个组合供你选择，分别是"橙色友情"、"蓝色亲情"和"红色恋情"，他不会因为是情人节，就仅仅照顾到那些热恋中的年轻人，而是让这个情字延伸。这样做，既照顾到了大多数群体，也让自己的产品不局限于单一套系，更多样化的组合，让人们可以有更多的选择。

其次，宜家的人文关怀，体现在环保理念上。

身为世界上最大的家具零售商之一，宜家可以说是"环保及急先锋"。坎普拉德把环保的理念潜入宜家的骨髓，成为了代代相传的"宜家精神"。

在宜家工作的每一个员工，都遵守着一个约定俗成的习惯，就是每一个宜家员工，无论身处何种岗位，只要离开公司以前，都会随手将每个无人办公室里的电脑和电灯全部关掉,然后注意检查一遍公司电路及所有应该注意的细节,最后轻轻地将办公室的门锁上后离去。在宜家,打印纸从来都是正反面利用;被打印错误的文件,只要不是涉及商业机密,都会被人用来当作草纸;这些不需要成文的规章制度,每个人都会这么做。

宜家的商品在进行包装的时候,会把将要打包的商品不停地变换角度,以便能够尽可能多装一些,这样就能节省出包装的材料,从而降低商品成本。曾经有一款杯子,杯子的手柄无论怎么变换角度,都要浪费很大一部分空间,坎普拉德竟然要求将被子重新设计,最终,经过几次细微的改动,每只箱子所能装下的杯子数量,提升到了原来的3倍。

宜家始终致力于做"种类繁多、美观实用、老百姓买得起的家具",在价格上,宜家具有绝对的优势,但是他们却没有忽略环保的因素。宜家有自己的工厂,在产品制作过程中,他们尽量减少对原材料的化学加工,以最大限度地还原产品天然本色,木制家具的原材料,宜家经常选用别人在砍伐树林过程中所遗留下来的树枝、树梢等"零碎",既节约了成本,又减少了对木材的浪费。

说到底,家具制造商赖以生存的源头,不是商品的更新换代,不是流动资金的良性循环,而是大自然。没错,就是大自然——森林给予了家具最初的生命,如果没有自然的馈赠,宜家将不复存在,这并不夸张,所以,与大森林和谐共处是宜家的已任。

宜家提出了森林行动计划FAP(Porest Action Plan),来系统地处理森林事宜。其内容概括来讲,就是要把对森林对树木的保护提升到一个新的高度,他的四个阶梯标准,让分布在世界各地的宜家,对树木的采伐和使用,都有章可循,有法可依。

除了木材使用上的环保，宜家在电灯的生产过程中，最最钟爱的就是LED，因为只有LED灯具最节能。在宜家目前所售的灯具中，是LED与非LED灯具并存的。但就在不久前，宜家集团官方对外宣布，将从2016年起，在全球范围门店中只出售节能LED灯具，他们将会逐渐淘汰不使用LED技术的灯（包括灯泡和桌灯），直到2016年达到非LED灯不卖的境界。

LED灯的耗能较白炽灯少85%，寿命却长20倍。宜家此举不仅为消费者节省了电费，也为能源的可持续发展做出了贡献。宜家是一个有爱心的企业，坎普拉德始终用爱经营着宜家，经营着生活。

再次，宜家的人文关怀，更体现在产品设计上。

宜家的家具风格，既有极简的现代时尚范儿，又具有古典的韵味。这种古典，来自于坎普拉德对家乡的情感，来自于古老的斯堪的纳维亚。所以我们看到，宜家家具，既现代，又实用，他在里面加入了人文因素，强调实用功能，所以，他避免刻板的几何图形。这就是具有"人情味"的现代美学。

比如宜家著名的赖尔多书架，它的搁板和支架都是可随意调节的。支架的可调节，解决了地面不平造成书架摆放不稳的问题，而搁板可调节，则解决了不同空间、不同年龄层人群的各种需求。

宜家将他的人文关怀，融入了所有产品、所有设计甚至整个生活中。对生活的表达可以有很多种，有艺术的呈现，也有诗意的反射。有太多人喜欢宜家的商品，不仅仅是因为它简约时尚的外观，更因为它的舒适。宜家的产品符合人体工程学原理，美观与实用性相结合。一件设计作品，最打动人心的地方，就在于它能够将美与用途完美融合。

宜家将每一件商品都赋予了灵性，它不再是一个冷冰冰的物件，而是一个有生命的个体。这生命存在于宜家的书柜、衣柜、床、茶几等等，甚至一个小小的杯垫，都那么沁人心脾，让你情不自禁地爱上它，然后带走它。

那么最终，宜家将他的人文关怀，落在了孩子身上。

坎普拉德本人就是一个喜欢孩子的人，每个宜家商场里，都会设置一个儿童游戏室，大人们可以带着自己的宝宝在游戏室里玩耍，也可以暂时把孩子交给宜家的工作人员，自己去商场购买需要采供的物品。如今，儿童游戏室已经成为宜家家具卖场的一个特色，有的消费者来到宜家，只为让宝宝在游戏室里玩耍。

宜家不会一味追求快节奏，有一款名叫"达杰斯"的儿童椅，在设计之前，设计师对儿童的习惯进行了长时间的观察。他们发现孩子活泼好动，但是走路并不平稳，很容易摔跤，如果孩子在玩耍过程中不小心摔到家具的尖角上，那么后果不堪设想。

基于以上考虑，"达杰斯"儿童椅被设计成了具有一定柔软度，并且转弯处全部采用圆角的样式，这样，即使小朋友不小心摔倒在上面，也不会构成太大的伤害。还有一点是宜家独特的创新，儿童椅的设计一般都不会折叠，而达杰斯却做到了，既节省了家里摆放的空间，又便于搬动。

有了达杰斯儿童椅的经验，宜家所有儿童商品的设计，全部采用圆角处理，并且在宜家儿童样板房里，一定会被布置得活泼、可爱、色彩鲜明，所有的物品都会根据儿童的年龄设计得大、小、高、矮适中。只要是儿童房中能够用到的物品，宜家一定要采用环保材料，已经售出的商品，哪怕是出现了一点点小问题，宜家都会马上召回。

对于孩子的保护，宜家做到了细致入微。

所以，一家有爱的企业，是值得人们信赖的；一件有爱的商品，是值得人们拥有的。宜家用爱，为家增添了别样的色彩。

5. 宜家，让改变发生

在宜家的内部，流传这样一句话："让改变发生"。宜家首先想要改变的，是人们的生活习惯。

对于一个家具经销商来讲，他们遇到的最大的问题，就是改变，只有人们想要改变居住环境，才能想到去购买新的家具。家具领域里，流传着一个"整体"的概念，就是打造一整套风格一致的理念，比如整体厨房、整体卫浴、整体家具，这样做的优势是，消费者可以一次性完成对某个空间的装修，并且装修风格统一，因此，许多家具经销商都在"整体"思路上下了许多功夫。

但是这样"整体"的装修理念也存在一定的弊端，就是"牵一发而动全身"，整体的改变就意味着较为高昂的投入，因为每一个"单一"都是整体的一部分，如果想要改变，那么就破坏了"整体"的完整。举个例子说，有的家庭卫生间采取的是"整体卫浴"的装修理念，可能外观上的花纹都是相互连接的，那么如果主人想要换掉其中的浴缸，风格就会与之前的装修格格不入，这个浴缸，主人也就可能懒得换了。

对于经销商来讲，消费者对家具的改变速度直接关系着营业额。因此，必须用化整为零的思路去解决问题，换个思路思考往往能够得到意想不到的惊喜。

宜家发现家具市场上流行的"整体"装修思路的弊端之后，马上推出了一整套"改变其实很简单"的理念，他要帮助和鼓励消费者通过改变一成不变的生活习惯和惰性，来创造更加美好的生活环境和舒适的生活空间。

宜家告诉消费者，改变其实一点也不麻烦，只要一点点小小的变化，就能够起到画龙点睛的作用和事半功倍的效果，于是，宜家推出了一系列价格低廉的单一产品。

如果你家的阳台杂乱无章，所有的杂物都堆在里面，明明是一个休闲之所，却成了一个储物间，家人谁也不喜欢光顾其中，没关系，你只要花上半个小时，将杂物紧凑、有序地堆放，整理出一个空间，然后到宜家去买一张竹藤的摇椅，阳台立刻就变了一种味道。当阳光照进阳台，你可以躺在摇椅上，恬静地享受着午后温暖、美好的时光，生活也会因为阳台的改变而别有一番情调。

如果你很喜欢听CD，可是碟片不知放在何处，经常是一张碟片从CD机中推出就随手一塞，当下次想要再听一次，翻找可就麻烦了许多。久而久之，碟片越来越多，不仅堆放碟片的空间显得纷乱，找不到的碟片也会越来越多。此时，你可以到宜家去买一个设计独特的CD架钉在墙上，将碟片一一整理放在CD架上，用的时候信手拈来，不用的时候再随手放回去，简单、方便，也使自己的家变换成了另一种样子。

如果你家的客厅完全是古典式装修，时间久了你觉得有些压抑、沉闷，特别是搞家庭"狂欢PARTY"的时候，朋友们欢乐的气息与家里的氛围十分不搭调，这样的感觉会令"PARTY"也褪色不少，可是想要改变太麻烦了，难道要将客厅重新装修一番？当然不需要，你只需要到宜家购买一张别具特色的茶几，再点缀上一个古香古色的花瓶，家里的氛围就立刻变得活泼、跳跃起来。

如果你刚刚购置了新房，正在装修，可又不知道该怎样设计，没问题，到宜家卖场逛一逛，看到哪个样板间的装修十分喜欢，你大可以将整个宜家样板间搬到自己的家中，风格统一，又时尚，又省心。

如果你的家里已经装修完成，有一个角落总觉得不满意，没关系，到宜家卖场逛一逛，那里有好多设计新颖、独特的小摆设，将这些小摆设买回家，摆放在你不满意的地方，改变的将不仅仅是一个角落，而是整个家的感觉。

如果你想让二人世界增添一些浪漫的气息，那就去宜家吧，买回几个设计新颖的蜡烛，再搭配一个造型独特的烛台，摆放在家里合适的位置，浪漫的感觉立刻就找到了。到了晚上，你可以和心爱的他共享一次烛光晚宴。

如果你觉得家里缺少了一些生气，去宜家吧，在宜家的儿童区买上几款可爱的玩具——你可别以为玩具都是为小朋友设计的——摆在自己心爱的小屋里，你就仿佛回到了美好的童年。

这就是宜家，它从不强迫你购物，所有的商品都摆放在那里，让顾客自己去选择和决定，所以，喜欢宜家的人，是从心里爱上了宜家的商品，只要一次，就成为了宜家最忠实的顾客。无论你家里遇到哪些装修问题，在宜家都可以得到满意的解决。宜家从来不会让你有一种被强迫的感觉，但它会让你明白，简简单单的改变，就会让生活变得多姿多彩。

第九章 宜家的世界 世界的宜家

宜家是一个从偏远小镇走出来的大企业，由曾经的小作坊发展到今天的跨国集团，坎普拉德深知其中的艰辛，因此也就倍感珍惜。在宜家的世界里，坎普拉德和朋友们一起创立了一套独一无二的管理系统，复杂、繁琐却牢不可破。他们之所以这样做，就是想让宜家不会被任何力量摧毁，能够抵御来自四面八方的危机。坎普拉德也有自己的野心，他想让宜家不属于任何一个国家而独立于整个世界。

1. 把公司当成家的老板

　　从一个经营快乐的小货郎，到一个经营快乐的大企业家，坎普拉德对生活的热情始终如一。作为一个家具制造商，对生活没有热情的人，怎能做出让人赏心悦目的家具呢？

　　坎普拉德经营着家具，也爱着自己的家，同样，他用爱家的热情爱着宜家。如果你一定要问坎普拉德，是爱家多一点，还是爱宜家多一点，或许他自己都说不清楚，因为在坎普拉德的心里，宜家就是自己的家，而自己的家是宜家的大后方，家里如果出了问题，坎普拉德在宜家的经营上，也会受到家庭的影响。

　　或许在全世界，你再也找不到一个比坎普拉德还要爱家的老板。因为坎普拉德深深地明白，宜家就是在家的支持和保护下，才得以发展的。早在坎普拉德还没有成立宜家公司的时候，他那些庞杂的业务就是全家人一起分担的：有人帮助坎普拉德采供，有人帮助记账，有人帮助送货，有人帮助点库，还有人帮助料理坎普拉德的个人生活。

　　正因如此，坎普拉德有着很深的恋家情结，他把自己一手创办的企业，也当成了自己的家。虽然宜家是一家跨国企业，但是在坎普拉德时代，宜家的管理，却也透着那么几分家族气息。

　　其实说宜家的"家族式管理"，并不是说坎普拉德像一个家长管孩子那样去管理自己的公司和员工，"家长制"近乎于独裁，没有人会愿意忍受独裁的老板，那样不仅束缚了员工的想象和自由，也束缚了公司的发展。我们所说的"家族式管理"，是因为坎普拉德始终把公司当成自己的家，并且把公司的每一位员工当成自己的姐妹弟兄。

　　"我亲爱的兄弟们，姐妹们，我想要说的是……"这是坎普拉德每次在董事会上经常用的开场白。没有哪一家公司的老板能够跟员工相处得如此亲密和融洽，也没有哪一家公司的老板能如此真诚地把自己的员工当成家人来看待。

　　坎普拉德在与职员交谈的时候，无论是中层领导还是普通员工，都会全神贯注地注视着对方的眼睛，认真地聆听对方的谈话，如果谈到动情之处，他会展开双臂给对方来个热情的拥抱。

　　宜家人将这称之为"拥抱式管理"。坎普拉德喜欢拥抱，因为拥抱是最能给人带来安全感和亲密感的表达方式，他喜欢在与人初次见面时给予对方热情的拥抱，告别时会再次拥抱。因此，每一个与坎普拉德见过面的人，都会对他留下深刻的印象。

　　所有同坎普拉德一起创业的人，都同坎普拉德有着深厚的感情。如同坎普拉德自己所说："我们就这样毫无理由的彼此深深喜欢着，我们喜欢经常在一起。"

　　宜家最初打下江山的那一批员工，如果你问他们在哪里，他们会告诉你，不是在宜家办公室，就是在宜家商场里。是的，那些坎普拉德"亲密的伙伴"，他们经常在一起彻夜谈论宜家，讨论所有与宜家有关的问题，比如设计、产品、经营策略等等。每到周末，他们会主动到商场里去帮忙，没人要求他们这样做，并且也没有额外的薪水，但是每个人都觉得必须这样做。

没有任何一位坎普拉德的朋友是因为金钱而来到宜家的，恰恰相反，他们的薪水并不高，但是那并不重要，看重金钱他们也就不会来到宜家。当然坎普拉德也不会苛刻地对待他的朋友。宜家的一位管理者拉格纳回忆说：在1960年的某一天，他同坎普拉德一同驱车赶往一个地方，在去的路上，坎普拉德突然停下车，从兜里拿出一叠钱，说："这是我刚刚同一个挪威商人做一笔生意赚到的钱，总共有3.3万克朗，你和艾兰、斯文·高特各拿三分之一吧……"

坎普拉德对自己的公司和团队有着极其深刻的感情，无论他人在哪里，心里想的始终是宜家，对于坎普拉德来说，宜家和家，排名不分先后。也正因如此，很多宜家员工觉得坎普拉德无处不在，即使你看不到坎普拉德的身影，也能够听到他的声音。一个宜家的老员工说，他经常能够接到坎普拉德从遥远的地方打来的电话，询问他："最近工作顺利吗？出现什么问题了吗？有什么需要我帮助的吗？"

坎普拉德并不是一个喜欢经常加班的人，但是他每天都会在下班以后，在自己的办公室里静坐那么一小会，回想这一天的经历，思考人生的状态，或者什么都不想，只是静静地坐着，感受这一刻宜家所带给他的静谧和美好。

不是所有的老板都对自己的企业有这样的情感。有的老板虽然一手创办了公司，但是他当公司是自己的赚钱工具，当然这无可厚非；有的老板当自己的企业是孩子，细心呵护，无微不至，深怕出现丝毫差错；有的老板则将自己的企业当成是附属品，他赋予了自己的成就感和喜悦感。

而坎普拉德，则当宜家是自己的亲人，朋友，爱人。或者没人能理解他对宜家的那种复杂的情结。宜家走到今天，已经不仅仅是坎普拉德的宜家，而是坎普拉德生命的一部分，已经融为一体，你说不清楚到底是谁成就了谁。

所以，坎普拉德才会深爱着宜家，深爱着宜家的一砖一瓦，深爱着宜家的每一个员工。无论宜家的经营状况出现任何情况，坎普拉德绝不会在薪酬和奖金上对员工有任何亏欠，因为坎普拉德把这看成是对家人的承诺。坎普拉德经常会突然拿出一沓钱，放在他身边的中层领导手中，说这是对他的奖励，然后拥抱他，转身而去，尽管对方莫巧奇妙，还没反应过来，但这就是坎普拉德表达爱的方式。

坎普拉德经常要到各地的宜家去考察。每到一个地方，他首先去的不是宾馆，不是临时住处，而是自己的办公室。偶尔晚间到达，办公大楼依然锁门，楼内静悄悄的，坎普拉德无法进入，他会抱怨："我竟然连自己的家都进不去了"，从那以后，每个宜家的办公大楼，都会稍微晚关门那么一小会，因为，谁也不想让坎普拉德再一次"进不了自己的家"。

即使退休以后的坎普拉德，他也会时常回到自己原来的办公室去转转，不是为了视察，不是为了监督，仅仅是想回去看看，因为那里有他割舍不下的家具，有他无法忘却的家。

坎普拉德也会经常逛逛自己的超市，和所有的顾客一样排队，认真地挑选商品，看到自己心仪的物件，他真的会去收银台买单。他会装作陌生人跟其他顾客聊天，询问其对商品的感受。没人会想到，这个和蔼可亲的老头，竟然是这家超市的大老板！

看，坎普拉德就是这样一个老板，他无比热爱自己的公司和公司里的每一个员工，他也坚信，在自己需要帮助时，他们会挺身而出，这一点已经得到了证明。他们在一起能够碰撞出许多灵感和创意，这使得宜家总是能够做出让人意想不到的决定。

有人说，一支部队也有它的气质和品格，而这种气质和性格，是与为首的军事主管有关，他的性格倔强、坚强、不服输，这支部队就强悍，就有了灵魂，从此以后，这支部队不管换了多少任军长、师长、团长……也不管换了多少批士兵，军魂犹在，依然可以战无不胜，攻无不克。

一支部队如此，一个企业亦如此。

坎普拉德把公司当成了家，用自己真挚的热情对待着每一位员工，同样的，坎普拉德也要求公司里所有的员工都能够做到互敬互爱、相互帮助，彼此忠诚、团结一致。这是弥漫在整个宜家集团的一种氛围，是一个企业的灵魂，是一个家族的根。老一代创业者已经把这种精神理念渗透到了公司的每一个角落，成为宜家代代相承的精神理念。即使有一天，老一代创业者全部离开了公司，宜家精神还在，这，才是宜家能够屹立不倒的根本。

2. 宜家的所有权构成

为了宜家能够长长久久地发展，也为了使宜家公司避免被任何外部力量摧毁，坎普拉德费尽心机，将宜家的所有权分散开来。应该说，宜家不归任何一个人所有，也不归任何一个国家所有，用坎普拉德的话说："宜家独立于任何一个国家之外。"

说起来，宜家的所有权结构相当复杂，即使是专业的律师，也会为分析宜家的所有权问题感到头疼。宜家的所有权结构虽然复杂，但是却有一条很清晰的脉络。

宜家的所有商场及店面，全部归到宜家国际集团旗下，而宜家国际集团，是由宜家控股集团控制的，也就是说，宜家控股集团是宜家国际集团公司的母公司，这是我们能够看到的实体的东西。而在控股集团背后，有一个"幕后推手"，这便是英式基金，宜家控股集团归英式基金所有。在这里，英式基金也不是高高在上无人能及，坎普拉德就是要将权力分散，当其中一个来自外部或者内部的力量企图摧毁宜家的时候，其他的那些力量便会起作用，使这些所有的力量达到均衡。

而对英式基金进行制约的，就是宜家基金。英式——宜家基金是同构的两股力量，宜家基金管理和控制英式基金，而宜家基金的来源则由英式基金提供。这二者之间，就像连环锁一样套在一起，谁也离不开谁。

这样看上去还是有点复杂，那么我们再形象一点说，这就像一个家族中的兄弟几个，老大、老二相当于英式——宜家基金，老三相当于宜家控股集团，老四相当于宜家国际集团公司，老大、老二是一对孪生兄弟，老大管理和控制着老二，而老二的钱，却全部来自于老大，老大老二相互制约、相互平衡。老大隐藏在幕后控制着老三，老三控制着老四。

当然，还有老五、老六、老七等，老大到老四全部都是上面的头头，他们只是"管事儿"的，不负责执行具体事务，下面的老

五、老六、老七才是真正的执行者。宜家服务集团相当于老五，宜家内务系统公司相当于老六，宜家支持系统相当于老七……以此类推，还有宜家贸易公司、宜家零售公司等等，从老五开始，往下全部都服务于老四，也就是说，下设的所有公司全部归老四——宜家国际集团所有。

怪不得一些年轻的律师会惊叹前辈们是怎么想到如此设计宜家的所有权结构。看到上面的叙述，别说想要颠覆宜家的所有权，普通人即使想要搞懂其中复杂的关系，都十分困难。在上面提到的负责执行的公司里面，宜家服务集团和宜家内务系统公司是至关重要的两个部分。宜家服务集团为宜家所有的实体店提供管理，而宜家内务系统则起到监督的作用。

宜家服务集团相当于所有宜家商场的"大管家"，在"管家"的协助下，开遍全球的商场才能维持每天的正常运营。它所提供的服务包括IT、餐饮、设备供应、原料采购、商品目录、产品配件、运营方案、公务旅行等等，有了"大管家"，这个商场的组织完全"扁平化了"，无论在哪里看到的宜家商场，都如同从总部的"模子"里复刻出来的一般。即使在北京的样板间想要改变一下设计，也要征得"管家"的同意。

正是因为有了服务集团和内务系统，宜家的商场才能开遍世界各个角落。无论在哪里，宜家商场店面的装修风格必须一致，内部结构必须一致，必须要有餐厅、儿童游戏室等，必须统一执行坎普拉德创立的营销策略，必须沿袭宜家精神……只有这样，宜家商场才能够被不断复制，宜家才能遍布世界。

在宜家工作的所有员工都是轻松的，他们不用去思考太复杂的问题，只要在自己的岗位上把自己应该做的事情做好就可以了。其实，简单地说，这就是规范化、合理化的作业流程，把这些流程穿起来，就是一条线，形象点说，你只要抓住线的两头，就能把这条线"拎"起来，线上穿着的任何一部分都不会掉下来。

这个复杂的所有权结构，从20世纪70年代开始实施，经过不断地改进，80年代逐渐完善起来。现如今，这种所有权结构已经发展得相当严密和成熟，看似复杂，但每个人执行起来十分简单。坎普拉德把所有的心思和经历都用在了宜家公司上，他希望即使以后他不在了，他的公司仍然在，并且一直在。坎普拉德的野心还不仅仅如此，用他自己的话说，他要"让世界离不开宜家———一个强大而又高效的宜家"。

3. 宜家龙世界

坎普拉德喜欢应用色彩，因为色彩清晰、明快的表达，能给人留下无尽的想象。色彩系统中有三原色，分别为：红、绿、蓝。以不同比例将三原色混合，可以产生出其他的新颜色。在宜家，也有红绿蓝三原色——红色代表宜家国际集团公司，蓝色代表宜家企业集团，绿色代表宜家龙。在这里，我们想重点说一说宜家龙。"宜家龙"是在坎普拉德名下的所有公司，不包含在英式——宜家基金当中，是一个相对独立的机构。它是在特殊时期形成的一个特殊的集团公司。在20世纪50年代，宜家方兴未艾，家具行业联手排挤宜家，并且发布禁令，禁止供货商为宜家提供产品，禁止宜家参加任何家具展销会。在那个年代，没有了货源，没有了与消费者直接接触的机会，就等于断绝了宜家的生路。

为了公司能够继续发展，坎普拉德注册了许多不同的公司，这些公司虽然名称和经营的产品不同，但全部归属于坎普拉德名下，在当时，宜家被称为"长着七个脑袋的怪兽"，你把其中的一个砍掉，就会从另外一个地方冒出一个来。随着时间的推移，这个"宜家龙"世界为宜家的发展储备了大量的资金，它就像金库一样，在宜家遇到困难的时候，会提供有力的资金保障。

为了宜家的利益，坎普拉德曾经历了一段"东奔西走"的阶段，就像生活在大草原上的游牧民族，哪里有青青的牧草，牧民们就在哪里安家。可是不同的是，在不断迁徙过程中，每迁移到一个国家，坎普拉德就需要还清在上一个国家欠下的所有的债务。这时，坎普拉德只需要将自己名下的一家公司卖给自己的另一家公司，套现的资金就足够坎普拉德还清所有的债务。

宜家进入稳步发展的阶段，不需要继续奔波和流浪，其自有资金足以维持宜家的正常运作，而"宜家龙"，成为了坎普拉德留给孩子们最好的礼物。只要他的三个儿子愿意，他们就拥有了一笔巨额的财富。然而坎普拉德身边的人几乎都不是能够被金钱所控制的人，他的三个儿子依然在宜家勤奋地工作着，在自己最喜欢、最擅长的岗位上愉快地工作着。

现如今，"宜家龙"公司的总部就坐落在阿姆斯特丹，它早已成为一个庞大机构的代名词，有人说"宜家龙"才是真正属于孩子们的天地，只要小坎普拉德愿意，他们就可以拥有并独立运营这几十亿资产的财富。

"宜家龙"的领导班子共有9人，他们和谐相处，亲密合作，工作氛围相当融洽。坎普拉德会每周在赫尔辛堡与他们通两次电话，有的时候会在埃姆瑞特——"宜家龙"银行唯一的办公室做短暂的停留，与领导层做一些简单的交流，询问他们是否遇到某些大问题，是否需要得到他的帮助，而其他时间，坎普拉德则会到处旅行。

"宜家龙"虽然不会受到英式基金的控制，但是依然沿袭了坎普拉德的经营理念，其在精神上与整个宜家集团是同质的。不管"宜家龙"发展得如何庞大，它的管理者依然会尽量控制运营成本，尽可能做到节俭——这些都得到了坎普拉德的真传。

"宜家龙"公司每年会更换一次主人，这位"主人"由民意测评选举而来，但是管理层必须保持每年至少6次、每次为期3天的研讨会。

"宜家龙"公司一共包括4个部门，分别是财务部、保险部、零售部和物流部，下属还有两家银行。

财务部主要负责集团在资本市场上的运营，迄今为止最大的一笔投资是在瑞典的马特斯方德烤米申经纪公司拥有38%的股份。当然，除了瑞典以外，他们也会在欧洲的其他地方进行投资。

与财务部密切相关的则是保险部，这个部门也可以独立运作，其每年的保险任务从未低于过400亿克朗。

零售部是"宜家龙"集团下设的最大的一个部门，这个部门共有2500多名员工，年营业额可达到30个亿。

而物流部门则与零售部息息相关，它为零售部提供着源源不断的物流支持，如果没有了物流部的支持，则整个零售部都会瘫痪。

整个"宜家龙"集团公司，又是一个坚不可摧的整体，其环环相扣，相互配合，运营顺畅。坎普拉德为孩子们留下的这笔宝贵的财富，让孩子们能够永无后顾之忧。

4. 产品才是硬道理

宜家的品牌风靡全球，在世界的各个角落里都有誓死追随的忠实粉丝，归根结底，是宜家的产品吸引了他们，如果没有实实在在的产品，那么所有的经营理念、管理制度都形同虚设。

宜家的产品大部分都是自主研发和设计的。这种做法的初衷是出于降低成本的考虑和被迫的，因为在宜家刚刚崛起的时候，受到同行的打压，商品的供货渠道被截断了，为了保证正常运营，宜家不得已才开始自己设计产品。

中国有句古话叫做"塞翁失马，焉知非福"。正是由于当初的艰难求生，反而使宜家的产品自成一格，其独特的风格和新颖的设计吸引着消费者纷纷来到宜家商场。有的时候，宜家会在自己产品原有的基础上做一些小小的改动，但是每次改动都非常有创意，颇受消费者的欢迎。

宜家有着全球最出色的设计师，他们不仅致力于设计更简约、时尚的家具产品，更将视角投入到我们的家中，关注生活的每一个细节、每一个角落，因此，他们的每一个设计作品都能够得到大家喝彩。

设计独特的同时，宜家却没有忘记节约成本。成本的低廉是宜家能够一次次渡过危机的关键所在。为了贯彻这一原则，设计师们会尽量选用不是特别昂贵的原材料，有时一个木制品的材料，只是一棵树的树梢和木屑。他们会通过分析家具产品每一个部件表面的功能，决定在花费最少资金的前提下使用哪种原料、表面涂哪种油漆以及使用何种技术进行组装。

宜家也会把自己的产品分成中、高、低端，面向不同的消费者进行销售。在低端产品的设计过程中，设计师开创性地采用了纤维板表面涂漆的办法代替了昂贵的木材，这种方法既保证产品的质量和优美的外观，又降低了成本；而对于高端产品的设计，宜家也进行成本与供应商的优化组合。

在这里举一个例子：一种Vrde系列的厨房产品，竟然用了5种不同类型的木材，其中最优质的木材被用于橱柜的台面，轻巧、便于打磨的木材被用于橱柜的柜门，而最便宜的木材则被做成了抽屉的内层。在木材上节省下来的钱被使用在了制作最优质的柜门拉手、抽屉滑道等方面，给用户一种愉快的体验。这样组合下来，不仅丝毫没有降低产品的质量，还赢得了消费者的青睐。

宜家的产品除了在成本与设计上的考虑，还总是充满人文关怀。宜家会为年迈的父母推出简约、大方的家具系列，为老人的生活提供最便捷的服务；宜家会为二人世界的家庭推出"浪漫装修"计划，让两个人的世界充满与众不同的色彩；宜家为三口之家打造"童趣儿童房"系列，让孩子的童年充满欢乐。如果只是生硬地售卖家具，宜家不会受到那么多人的热烈欢迎，没有感情的营销手段是失败的。

在产品开发上，宜家对产品给自然环境和人体健康两个方面带来的影响十分关注，这也是宜家在推出一种产品之前，必须首先考虑的问题。宜家将环保的理念贯穿于生产的各个环节，他们通过对材料最有效的利用来减少对资源的浪费，不论价格如何低廉，只要是对人体健康存在危害的材料，宜家都会坚决停止使用。如果生产过程会对环境造成污染，宜家也会及时改变操作手法，并尽可能采用可重复利用的新型原料。

除了对产品本身，宜家对产品的包装材料也会严格控制：要求所有产品的包装材料都可回收利用或者可以重复使用。宜家经常会以较低的价格回购消费者的产品包装。而产品的单位包装数量，宜家也会严格控制。以茶壶为例，在包装的时候，宜家会利用产品的外形将其中一部分倒置来提高空间的利用率，如果无论怎样放置都要浪费很大一部分空间，宜家宁愿改变产品的外观设计，以此来达到包装空间利用的最大化！

不仅仅是外包装，宜家有时也会面向消费者推出产品的回购或者以旧换新的活动，他们将老旧的产品重新设计加工，或者干脆将其拆解成原材料，重新制作成一款新的产品。

即使产品出现了问题，宜家也会迅速作出反应，不会企图掩盖真相。宜家有一套独立而完整的产品召回制度，这并非宜家独创，然而却能够让人们感受到宜家的真诚与社会责任感。

宜家产品的召回制集中体现在对待儿童商品上。2002年，一个5岁的男孩儿在玩耍的时候，将一个只有37毫米的球状玩具配件吞进肚子里，结果卡在了喉咙处，导致窒息身亡。宜家得到这个消息之后，深感痛惜的同时，在全球范围的宜家商场召回了这种玩具，一夜之间，这种玩具全部下架，经过改良才重新开始销售。

宜家对产品的召回，并不会等待消费者投诉，他们会定期检测自己的商品并进行民意调查，一旦发现问题，马上召回，而不是等待亡羊补牢。

宜家曾生产过一款名为"斯迪纳"的毛绒玩具，它的内部填充物是许多细小的塑料珠，用这种物质填充，不仅无任何气味，并且会使毛绒玩具的手感柔软、顺滑，小朋友们都很喜欢。可就在2002年10月，宜家却全面召回了这款"斯迪纳"玩具，原因是，如果玩具的缝合处被小朋友撕扯破裂，那么里面的塑料珠就会散落，踩在上面有滑倒的危险，更为严重的是，一旦小朋友不小心吸进胸腔，会对肺部造成严重损伤。

其实，塑料珠漏出的几率仅为2%，并且在宜家召回此款毛绒玩具的时候，并没有发生任何事故。但是宜家不允许隐患存在，出于对小朋友安全的考虑，哪怕只是"可能存在"，宜家都会召回产品，并且如果有消费者退货，宜家会全额退款。

经过对缝合处的加固处理，"斯迪纳"才重新上架。但是过了一段时间，经过宜家监管部门的质量检测，发现"斯迪纳"玩具依然存在安全隐患。宜家不允许任何一位小朋友因此而受到伤害，经过深思熟虑，宜家二次召回了"斯迪纳"，并且最终决定停止销售，尽管当时"斯迪纳"的销量非常好。

一旦存在安全隐患，那么销量越好的商品，就意味着可能伤害到更多的人，因此，宜家对商品的质量非常重视。"我们要为每一位消费者负责。"一位宜家卖场的经理如是说。

产品召回制不仅体现了宜家的人文关怀，也说明了宜家面对消费者真诚的态度。被召回的商品一定是质量上存在问题的，而在产品召回的时候也不可能做到悄无声息，因此，召回产品很可能会有损宜家的声誉。但是宜家依然坚持自己的销售原则，因为宜家不会让消费者为产品的质量买单。

这也是坎普拉德的处事原则。与其躲躲藏藏、遮遮掩掩，不如勇敢地面对，有问题就是有问题，只要改进，让问题不存在就好了，总好过让消费者受到伤害，然后不断投诉。宜家对事件的处理态度不仅赢得了消费者的尊重和理解，也赢得了口碑和业绩，即使在产品召回期间，宜家的整体销售额也丝毫不会受到影响。

5. 坎普拉德和他的朋友们

通常，一个企业的发展，会经历以下几个不同的阶段：

首先是创业阶段。这个阶段一般都会比较艰难，公司的创始人和几个志同道合的人在一起，相互扶持，相互帮助，他们有着一样的梦想、一样的追求，为了同一个目标共同奋斗，而很少去计较利益得失。公司就像他们孕育的一个孩子，欣喜地看着他出生，热切地看着他长大。

其次是发展阶段。经过了创业初期的艰难，公司开始慢慢走上正轨，通过逐渐扩张，一步步发展壮大。最初打下江山的那一批人，大多数成为了中层领导和骨干，他们带领着一批又一批新员工、老员工，为公司添砖加瓦，让公司不断前进。

第三则是守业阶段。这一时期的公司已经趋于稳定，公司内部也形成了一整套独立、完整的系统，有着自己独特的运作模式和行为规范，这是公司的企业文化。守业阶段公司的整体情形是稳中有升，微小的起起落落已经不会对公司构成严重影响。公司的每一位员工各司其职，按照流程作业，如若内部团结一致，便可使公司代代传承，成为行业内的佼佼者。

在这三个阶段，公司有些像军队，"铁打的营盘流水的兵"，总要有人走，有人留，从始至终一直陪在老板身边的人，成了老板最可信赖的员工和最忠诚的朋友。

宜家也经历过这三个阶段。当初坎普拉德5岁开始做生意，17岁创办宜家，虽然有家人的帮助，但是主要的经营者始终是坎普拉德一个人。后来，随着宜家的逐渐发展，坎普拉德仅凭个人的力量已经无法完成繁重的业务，因此他第一次雇佣了一位助手，宜家也从一个"小作坊"向正规企业迈进了一大步。再后来，宜家锁定家居业，坎普拉德的助手也从一个变成了两个、三个、四个……

时至今日，宜家的管理层几乎都是在宜家工作了10年以上的老员工，他们不仅得到了不错的薪水、一片自由发挥的天空，更重要的是，他们得到了坎普拉德深厚的友谊。在每一个艰难的、快乐的、痛苦的日子里，他们同坎普拉德一起，为宜家奋斗着。

宜家的那些"元老"们，无论是在工作中还是生活中，都十分团结，彼此信任。就像坎普拉德自己说的："这些开拓者们——坎普拉德的老伙计们……坎普拉德是想说……相互热爱……坎普拉德觉得那是一段美好的时光。"

更难能可贵的是，宜家的老一辈骨干中，没有一位是因为金钱而来到宜家的，他们都认为自己得到的已经够多了，金钱是他们最不看重的东西，因此，宜家就有了一支用精神力量武装起来的队伍，这比任何力量的构筑都要坚固，铜墙铁壁一样的团队，他们懂得宜家的价值，一定能够使宜家的精神永远传承，让他们共同的事业长长久久地发展下去。

如今，坎普拉德早已卸下身上的重担，过着悠闲自在的田园生活，最初和坎普拉德一起打拼的那些人，有的依然在宜家身居要职，有的已经退居二线，但他们为宜家作出的贡献，是永远无法磨灭的。现在，我们就来说说坎普拉德的朋友们：

吉利斯——宜家首席设计师

前文中提到，有一次宜家在运输一批桌子的过程中，工人在将桌子搬上运输车的时候不慎将一个桌子腿碰掉了，此时坎普拉德身边的设计师看到，索性将所有的桌子腿都拆卸了下来，这样做大大节省了运输车辆上的空间，宜家首创的扁平式包装由此诞生。

这个拆下桌子腿的人，就是吉利斯·隆德格兰。

吉利斯曾经是一家广告公司的制图员，他和坎普拉德是为了解决版面设计的问题而碰面的，当时，宜家出版的商品目录在版面设计上需要人手，于是坎普拉德找到了吉利斯，两人一碰面就开始侃侃而谈，一点陌生感也没有，就像一对相识多年的老朋友一样。坎普拉德觉得吉利斯有着聪明的头脑和富有创意的思维，而吉利斯则觉得坎普拉德像一位懂哲学的老大哥，他的思想那么深刻，又那么平易近人。

就这样，吉利斯成为了宜家的一员，天知道他在宜家工作了多少年，现在，他已经是宜家的首席设计师之一，成百上千件商品从他的手中脱颖而出，其中包括最著名的比利书架、扶手椅米拉等等，他会在每一件设计的商品后面签下自己的名字，所以每一个熟悉宜家的人，都知道这位大名鼎鼎的设计师。

吉利斯和坎普拉德配合得相当默契，坎普拉德有想法有创意，但是他不会绘画，没办法让自己的想法更具象地呈现，而吉利斯正好弥补了坎普拉德这一遗憾，他能够把坎普拉德的想法准确地表达出来，使其跃然纸上。当然，坎普拉德不会喜欢一个只会制图的机器，吉利斯也有自己的想法，他不但能画出坎普拉德想要的东西，更能用自己的思路创作出新东西。

在那段艰难的岁月里，同行的竞争者不断向宜家施压，吉利斯和坎普拉德跑了大量的家具工厂和商场，看他们的制作过程和制作工艺，吉利斯飞快地制图，并思考能不能换一种新的制作方法。有时候，一件同样的商品，只要吉利斯稍微做一些改动，就会使竞争者完全看不出来那是经过同样商品改装的。

吉利斯几乎是个全才，他在宜家的各个职位都做得顺风顺水，他不仅负责宜家商品目录的摄影、排版、制图，还主管过工厂的生产过程，甚至信息部门的相关事宜，吉利斯也可以胜任。

在宜家刚刚进军家具市场的阶段，埃姆瑞特一家供货商工厂里，一个大的房间成为宜家拍摄商品照片的工作室，那个时候吉利斯还不是坎普拉德的密友，他只是以一个雇员的身份待在坎普拉德身边，因此他需要通勤。吉利斯的家在市里，而工厂却在郊区，他要从很远的地方赶到这里。工作室的环境简陋极了，几乎什么都没有，每拍摄一件商品，都需要自己亲手布置背景，尽管在这样艰难的条件下，坎普拉德和吉利斯两个人也享受着创造的乐趣。

有一次，坎普拉德要拍摄一件商品，吉利斯说，如果有几枝鲜花作为点缀，拍摄效果更佳。坎普拉德便跑了很远的路，到城里买回了一束鲜花，但是这些花只坚持了一天就枯萎一半，到了第五天的时候，几乎所有的花都坚持不住了，看着不断打蔫的鲜花，吉利斯用针绑在花茎上将其固定，使他们看起来并没有完全"低头"，而坎普拉德把一个啤酒瓶涂黑当作花瓶把它们装在里边，最后拍摄出来的效果完全具备专业水准，有谁知道那个黑色的极具艺术感的花瓶，曾经是一个啤酒瓶子呢？

坎普拉德曾用文字记录过这段经历：

"这几天来，简单的操作和即兴的发挥伴随着快乐和不时的冲动，我们按照自己的想法，尝试，失败，再尝试，成功……结果证明，吉利斯具有非凡的创造力和娴熟的技艺，我们常常不谋而合……"

吉利斯为宜家服务多年，他并不是一个贪恋财富的人，坎普拉德经常对吉利斯说："嘿，朋友，别担心，只要我过得好，我就不会让你过得不好。"而吉利斯总是说："不，我觉得我得到的已经够多的了。"

就是那次偶然的经历，吉利斯拆掉了桌子腿，开创了可拆装式家具的先河，宜家的另一个首席设计师埃里克·沃茨将这一发明做了推广。如今这种可拆装式家具在宜家已经成为了一种传统，这种做法既节省了空间，使每次运输装载的数量大大提高，又减少了运输途中的破损率。

自从遇到了坎普拉德，吉利斯便成为了宜家最重要的设计师之一。迄今为止，吉利斯为宜家设计了将近400件商品，每一件都受到消费者的热烈欢迎，吉利斯也被给予了"宜家英雄"的称号。

安德斯·达尔维格——低调的领导者

安德斯偏爱蓝色，他的衬衫大多数都是蓝色的。性格也如同他偏爱的蓝色——沉静、低调、思维缜密。安德斯同坎普拉德一样，有着纯正的斯马兰血统。他出身于一个小佃户的家庭，与坎普拉德的出身颇为相似，因此，他们二人也就有着相同的价值观和道德标准。真是因为志同道合，才让两个人共事40年之久。

安德斯生于1950年，24岁大学毕业之后便进入宜家。在宜家的工作是他人生中的第一份工作，也是迄今为止唯一的一份工作。自从进入宜家，安德斯就开始勤奋努力地工作，他首先工作的地点是在欧洲，坎普拉德任命他为下一任CEO的时候，他是法国商场的总经理。安德斯以小资情调和无限乐观主义精神征服了欧洲，有15家以上的商场是安德斯一手创立和启动的。

应该说，安德斯已经功成名就，但无论是宜家内部还是外界，都一致认为，安德斯简直就是坎普拉德的翻版，从他接任CEO到现在，宜家的战略规划、设计理念、营销思路，全部都沿袭了老坎普拉德的做法，我们很难看出安德斯有什么创新之举。

然而正如安德斯自己所说，宜家现在并不是一个需要改革的阶段，他这个CEO的任务就是将宜家的发展速度控制在一个稳定的水平上，在这个瞬息万变的时代，急速扩张很可能带来毁灭性的灾难。沿袭并不等于落后，宜家依然是不可战胜的。"面对未来，宜家最大的挑战来自于自己。"安德斯经常这样说。

安德斯所说的只是一方面的原因，另一方面，安德斯虽然是宜家集团的CEO，但是他从来都把自己的姿态放得非常低。他受到坎普拉德的信任，只是想让宜家发展得更加平稳。

对于坎普拉德来说，宜家就是他生命的全部，在很早的时候，他就已经在为自己的身后事做打算。坎普拉德希望宜家能够按照他希望的那个样子发展下去，因此，他总是亲自挑选在公司担任要职的人选，并且要经过一系列的培训才能上岗。

所以，在坎普拉德将要离开宜家的时候，他把权证交给了他最信任的一个助手兼左膀右臂，而不是他三个儿子中的任何一个——这在外人看来是一件令人吃惊的事儿。坎普拉德当然有自己的打算，他把儿子们安排在他喜欢也最能胜任的岗位，这样做既可以发挥他们的强项，又可以避免相互之间的争斗——这个慈爱的父亲真是用心良苦。

安德斯也会有意避开坎普拉德的光环，并尽量不去触碰坎普拉德所缔造的神话，因为，在宜家和他自己的心目中，无论坎普拉德存在与否，他的影响都是不容忽视的。在创始人英格瓦·坎普拉德早已为宜家精心铺设的轨迹上，他的使命就是宜家速度的控制、文化的执行以及既定战略的推进。

如今，坎普拉德已经安享晚年，但是他的意见和决定依然十分重要。就在坎普拉德与安德斯进行交接的时候，安德斯作出了一个决定，他与坎普拉德两个人共用一个助手。事实证明，他的决定十分正确，不仅方便了他与坎普拉德之间的沟通，也可以消除不必要的误会。

当然，安德斯不会仅仅让自己在坎普拉德创立的王国里当一个傀儡皇帝，他有着自己的想法和独到的见解，自安德斯上任以后的10年里，宜家的规模和年利润较10年前翻了3倍以上——坎普拉德看中的人选，怎么会令他失望？

汉斯·加代乐——被两任总裁"分享"的人

在安德斯接任总裁的同时，他决定与坎普拉德共用一个助手，这个人就是汉斯·加代乐。

坎普拉德虽然已经卸下集团CEO的担子，但是宜家就像自己的一个孩子，他无论如何也放不下，因此，卸任以后，他被任命为宜家"高级顾问"，就是退而不休，在宜家依然起着决定性的作用。

作为两任总裁的助理，汉斯做事十分小心谨慎，由于他的存在，使安德斯与坎普拉德之间的沟通更加顺畅了，这样也更容易统一公司两个重要人物的意见，在公司需要作出重要决定的时候，也很少会出现分歧和纰漏。

汉斯是一个喜欢简洁的人，他十分热衷于企业文化的研究，因此，他在给坎普拉德担任助理的同时，还被任命为宜家的副总经理，主要负责宜家企业文化的推广及其他日常事务。

让·奥林——同坎普拉德吵的朋友

让·奥林是坎普拉德的第一任助理，相比前面两位朋友，让·奥林在外型上则有些粗线条，他有着高大、魁梧的身材，为人豁达，不注重礼节，喜欢穿风格比较休闲、随意的衣服，第一次见到他的人，常会误认为他是一名伐木工人。

是让·奥林把宜家引进了德国，他有着自己的一个小团队，这个小团队在奥林的带领下，不遗余力地传播着宜家文化、宜家的精神内涵。他曾经成功地使散茨瓦尔的商场避免惨败，也曾凭着34年的人生阅历担当起了进军斯普雷顿巴赫的重任。

让·奥林曾与坎普拉德有过两次激烈的争吵，坎普拉德气愤难当，奥林觉得自己很快就要被开除了，然而事情过后，坎普拉德依然像从前一样对待奥林，并照常安排工作。用坎普拉德的话说，奥林在公司里所扮演的角色可能是一个必要的胆大妄为者，一个超级企业家。坎普拉德从来也没有真的与哪个持不同意见者反目成仇，不管他们吵得有多凶。

杜福延——把宜家商场开到中国

杜福延是宜家中国区的总经理，这个沉稳、干练的总经理，也是坎普拉德一手提拔起来的经理人。他1987年进入宜家，2002年才来到中国，然而，与以往的成功相反，来到中国以后的杜福延遭到了前所未有的困境。

进入中国后，原本打算大干一场的杜福延发现，销售业绩始终停滞不前。虽然焦急，但是他并没有气馁，而是耐心地寻找原因，他开始研究中国文化，从文化入手，实现宜家的本土化改革。

他把自己的经验分享给宜家的经理层，不经过本土化的改革，再成功的经验也要遇到瓶颈。慢慢的，在杜福延的带领下，中国的市场被打开，并且至今为止仍有可开发的巨大潜力。

供应商也是宜家的朋友

没有哪一个企业能够不依靠任何其他力量而完全独立运作。再有个性的企业，也具备一定的社会属性，既然具备社会属性，那么，就身处在社会这张巨大的关系网中，任谁也无法逃脱。

坎普拉德深知，宜家能够平稳发展，除了自身内部的管理和调控，供应商的支持也起着决定性的作用，如果没有与供应商的愉快合作，坎普拉德将会遇到很多麻烦。

善待供货商是坎普拉德一贯坚持的原则之一。在上世纪50年代，家具行业商会对宜家实施禁令的时候，很多供应商迫于压力而停止了向宜家提供货源。对此，坎普拉德表示出了极大的宽容和理解，他常说：“那不能怪他们，如果换做是我，也会这样做。”

宜家进军波兰以后，因为波兰的货币问题而使宜家的合作伙伴可能要承受40%的经济损失，如果想要避免，就要将商品价格上调，然而宜家的商品价格是早就定好并为消费者所熟知的。无奈之下，合作伙伴找到坎普拉德。经过一番讨论，坎普拉德决定，这个损失不能由宜家的朋友承担，更不能转嫁给消费者，于是，宜家承担了那40%的损失。

大多数的家具经销商与供应商之间的合作，都是货到后3至4个月内才付款，如果销售上出现问题，还会无限期拖欠下去，前期款项全部由供应商垫付，应该说，供应商承担了很大一部分销售风险。宜家从来都是在货到10天之内付款，绝不拖欠，有问题宜家会自己想办法解决而不会连累到供应商，这也是宜家总能和自己的供应商签长期合作协议的原因。

善待别人就是善待自己，坎普拉德是一个聪明而又温情脉脉的商人。

第十章 江湖中关于他的传说

关于坎普拉德的传言有很多版本，有人说坎普拉德是一个古怪的老头；有人说坎普拉德是一个吝啬的大叔；有人说坎普拉德已经成功"干掉"了比尔·盖茨而晋升为新的世界首富；也有人说坎普拉德迷恋权贵，离开宜家却不肯交出大印，仍然在幕后对宜家指手画脚……总之，众说纷纭，褒贬不一。

其实，有优点，有缺点，才构成了一个完整的人。能够做到完美无瑕的不是人而是神，而一旦被人们奉若神明，那么此人也就脱离了群众，成为了一尊头顶光环却高高在上，让人顶礼膜拜后便敬而远之的雕像。

坎普拉德就是一个普通人，现在，他是一个普通的老人。耄耋之年，在一个不算大的葡萄园里，安享着自己的晚年生活。

坎普拉德早已不在江湖，但江湖中却有他的传说……

1. 吝啬的酒徒

坎普拉德的"抠门"是出了名的。这个曾经被定义为世界首富的人，生活却十分简朴和低调。坎普拉德的座驾——别两眼放光，垂涎欲滴，它不是保时捷，不是宾利，不是兰博基尼，甚至不是悍马、路虎、奔驰、宝马，而只是一辆老旧的沃尔沃——天晓得它跟随坎普拉德多少个年头了。坎普拉德对此很满意，他经常对别人说:"这辆车很好,我看不出有任何问题,为什么要更换?"

坎普拉德的穿着打扮,全身上下没有一件名牌,他走遍全世界,但出行从来只购买经济舱的机票,并要求宜家的员工也这样做,如果乘火车,他也会购买二等车厢的车票。如果有一天你搭乘经济舱外出或旅行,你的身边坐着一位衣着简朴、毫不起眼的瑞典老头,他很有可能就是宜家之父坎普拉德!

坎普拉德来到中国,会去逛北京的秀水街,会去买100元一条的裤子。他会挑一天当中价格最便宜的时间段去菜市场买菜,并且也会跟商贩讨价还价。在坎普拉德的身上,你看不到任何财富的痕迹,他是那样的平易近人,和蔼可亲。

无论是在宜家内部还是外部,都流传着许多关于坎普拉德"抠门"的趣闻轶事,这里,笔者将其搜集整理,为读者列举一二。民间传说,真伪难辨,然而坎普拉德本就是一个经营快乐的人,能为大家带来快乐,这样的事儿坎普拉德一定愿意做。

(一)剪彩

1953年,宜家的第一家商场在斯马兰的小镇落成了,市长为宜家举办了一个盛大的开业典礼,并且为坎普拉德塑了一座雕像。在典礼那天,市长及许多嘉宾来到现场,请坎普拉德对雕像进行揭幕并剪彩。此时,换做任何人,其做法都应该是在众人的热烈欢呼声和掌声中剪断红色绸子,然后揭开雕像上的幕布,典礼仪式顺利完成。

然而,您别忘了,此人是以"吝啬"著称的坎普拉德,他的做法怎能同于常人。只见坎普拉德在剪彩的时候并没有动剪子,在众人注视下,他认真地将扎成花的红绸解开,然后仔细地把红绸叠好，交到市长的手中，说："瞧，你又有一块新绸缎了，下次剪彩你还可以用它。"

（二）住宿

有一位员工回忆起当年他同坎普拉德一起去波兰考察时的经历。

当天他们同波兰领导人签订协议后，下午，他同坎普拉德去波兰的一家工厂进行考察，但是，由于人生地不熟，他们在中途绕来绕去，却怎么也找不到事先说好的路线——他们迷路了。那时天已经很晚了，他们所处的位置有些偏僻，旅馆非常少。坎普拉德到处寻找比较便宜的旅馆，可是没有找到。附近倒是有一家连锁旅店，但是价格比较昂贵，坎普拉德当即否决了，于是，他们一行人便在车里睡了一晚。

你们知道有为了省钱而睡在车里的老板吗？坎普拉德便是如此。

（三）蟑螂

哈坎·埃里克森和坎普拉德一同去华沙进行考察，他被安排住在一个豪华的宾馆里，而坎普拉德更加熟悉他以前经常住的那家价格低廉的格兰特宾馆。坎普拉德要求还住在那里。埃里克森对他说："那里实在是太破了，水管子已经漏水，并且，蟑螂会经常出没……"坎普拉德打断了助手的抱怨："难道这些对于住宿来说是最主要的吗？我们可不可以试试不去考虑这些？"

第二天早上，埃里克森在收拾行李的时候发现了几只蟑螂在自己的行李箱中，没办法，他只得将行李全部倒出来重新整理，这样，他就错过了之前约定好的7点的早餐。坎普拉德用他一贯对待迟到者的语气向埃里克森打招呼："嗨！下午好！先生。"埃里克森无奈地说："抱歉，屋子里有蟑螂，我们不能把它们也带走。"坎普拉德想了想说："这的确是一家不错的旅馆，不是经常能在房间里遇到老朋友的。"

（四）算计

坎普拉德喜欢算计。

坎普拉德酷爱喝酒，然而每次生日聚会的时候，他都要算计："我是否要去买一些酒来呢？来参加聚会的人会不会自己带酒来？"每当有人问起坎普拉德为什么不换掉那辆快要报废的沃尔沃，他也要算计：为什么要换掉？它看起来还像新的一样呢！

坎普拉德很少去有名的"大馆子"吃饭，因为那很贵，因此，人们经常能在一些很便宜的小饭店里看到坎普拉德——一个拥有亿万身家富豪的身影。

坎普拉德从不穿名牌西装，他公司的员工也被允许在上班时间穿非职业装，那样既节俭，又可以显示个性，充满活力。

如果你问起坎普拉德的嗜好，了解他的人多半会告诉你："当然是喝酒，难道你觉得这样一位工作狂，还能有其他的爱好吗？"

坎普拉德嗜酒如命，应该说，他的"酒龄"和他经商的时间差不多。5岁的时候，坎普拉德开始做生意，从此一发不可收拾，不仅创办了宜家，还使宜家发展成了世界最大家具经销商之一。

也是在5岁左右的时候，有一次，禁不住好奇心的驱使，坎普拉德偷偷地将父亲酒瓶里剩的酒全部喝光了。在那荒原之上，人们喝的酒多半是自己家用蜂蜜、白糖和马铃薯混合酿制的，酒性极烈，那种味道坎普拉德至今仍然记得，小小年纪的他怎能抵得过酒精的威力，刚喝完他就感觉头晕晕的，想要到外面去吹吹风，可是，没走几步，就倒下了。

等坎普拉德醒过来以后，他发现自己躺在自己的小床上。父亲很严肃地同坎普拉德进行了一次谈话，就像对大人那样，对坎普拉德讲述了酒精的危害，要小坎普拉德从此以后再也不许喝酒。母亲为此也很生气，竟然一个星期没有搭理坎普拉德。

虽然这次"喝酒事件"没有对坎普拉德造成多大的伤害，父母尽管很生气，事情也很快就过去了，可是，这件事非但没有让坎普拉德从此远离酒精，反而喜欢上了喝酒。

一开始，还只是偷偷地喝，后来坎普拉德渐渐长大了，也没有人再管束他了，喝酒的次数也就越来越多。在坎普拉德创办宜家以后，随着宜家一步一步地发展，业务量增加，坎普拉德的应酬也随之增加了，喝酒成了家常便饭，谈判要喝酒，朋友聚会要喝酒，商业宴请也要喝酒，喝酒次数越多，坎普拉德的酒瘾也越来越大。

坎普拉德有时喜欢和朋友打赌，而"赌资"就是一瓶威士忌。在坎普拉德第一个儿子出生的时候，他焦急地守候在分娩室门口，当听说母子平安，坎普拉德兴奋地打电话通知朋友，并邀请朋友们到自己家里去庆祝，庆祝的方式竟然是狂饮之后将酒瓶摔在墙上听那一声脆响！

不仅仅是高兴的时候喝酒，悲伤的时候，坎普拉德也会用酒精来麻痹自己。在同行们联手对宜家进行打压的时候；在坎普拉德的婚姻走向尽头的时候；在与纳粹的过往被媒体曝光的时候，酒精就像一个邪恶的朋友，陪着坎普拉德度过了一个个不眠之夜。

起初对于嗜酒的癖好坎普拉德也没觉得什么，直到有一天，坎普拉德早上起床的时候发现自己的手在发抖，他突然意识到情况有些不妙。

在自己的办公室里，坎普拉德的医生告诉他，可以不必立即戒酒，因为对于嗜酒成性的人来说，神经已经对酒精产生了依赖，突然戒酒对身体也没有太大的好处。但是坎普拉德必须减少喝酒的次数，每次喝酒的量也要减少，不仅如此，他必须每年有3次滴酒不沾，每次不少于3个星期。

身体状况让坎普拉德对戒酒这件事开始重视起来，他逐渐减少对酒精的摄入，在酒瘾来时他尽量控制自己只喝一点点。坎普拉德严格遵守医生的叮嘱，每年戒3次酒，每次不少于4个星期，后来变成了5个星期，有时甚至会超过10个星期。

坎普拉德称自己为"有节制"的酒徒，他认为可以适量地喝一些酒，但不能贪杯。曾经有一位坎普拉德的朋友也酷爱喝酒，以至于身体状况亮起了红灯，让他不得不戒酒，就在这位同事感到痛苦的时候，坎普拉德给他寄去了满满四页纸的信，大意是说戒酒不必急于一时，也不必完全戒掉，可以一点一点地来，每次喝少量的酒是不要紧的。

为此坎普拉德还给那位朋友放一个长假，告诉他可以在任何时候随时回到宜家上班。

对于一个喜欢接受挑战的人来说，任何困难都是难不倒他的，更何况是小小的酒精。坎普拉德成功地控制了自己的酒瘾，并准备用一个更棒的身体迎接更多的挑战！

2. 坎普拉德的家庭

家在坎普拉德的生命里，有着不可替代的地位，如果没有家人的支持，坎普拉德不可能成为世界上最大的家具零售商场的老板，宜家也不可能有今天的辉煌。对于坎普拉德而言，只有将家安顿好了，他才能放手去做其他所有的事情。

坎普拉德与妻子科尔斯汀·瓦德琳很早就结婚了。瓦德琳在瑞典国家广播电台工作，是拉尔斯·麦德森的秘书，同时在晚间节目中做鲍威尔·拉莫的助手。他们一起生活在艾尔姆特瑞德的农场里，最初的几年，他们十分幸福，无论是在生活上还是在事业上，瓦德琳都给了坎普拉德很大的帮助。坎普拉德对自己的婚姻很满意。

但是随着坎普拉德的生意越做越大，他用在工作上的时间也就越来越多，而坎普拉德又是一个十分热爱工作的人，他经常说："我从来都不遵守8小时工作制，因为我的工作时间从来没有少于8小时。"坎普拉德认为这是再正常不过的事情，因为工作已经是坎普拉德生活的一部分。

但是坎普拉德的妻子却不是这样想。

恰恰相反，妻子瓦德琳更愿意经常守在家里，她希望坎普拉德也这样做。她像所有的女人一样，更希望自己的丈夫有更多的时间来陪陪自己，而不是将所有的心思全都扑在工作上。更要命的是，坎普拉德不仅热爱工作，还把公司当家，把每一位员工当做家人，坎普拉德经常在没同瓦德琳商议的情况下，将自己的朋友或是雇员带回家，请他们在家里用餐，并讨论公司的事情，这让瓦德琳十分反感。

就这样，不可避免地，两个人之间的感情出现了裂痕，争吵越来越多，两个人的关系越来越疏远了。

矛盾没有得到解决，坎普拉德认为这一切都归因于他们没有孩子，尽管他们很想要一个自己的小孩，坎普拉德觉得有了孩子，妻子就不会整天在家里无所事事，自己也可以更好地发展事业。可是他们做了很多努力，也做过一系列检查，还是没有孩子，为了缓和两个人的关系，他们领养了一个小女孩。这个做法也确实让两个人的关系出现了一些转机。坎普拉德对这个养女的感情很深，他的父亲费奥多曾自豪地向人们宣布，她是"英格瓦的继承人"。

然而感情的裂痕除了两个人自己，靠第三方是无法修复的，领养一个女儿并没有改变他们婚姻的结局，在1960年，坎普拉德与瓦德琳的婚姻走到了尽头。他们在离婚时，瓦德琳要求分得的家产高得离谱，连律师都觉得有些过分，但是坎普拉德是一个很重感情的人，经过协商，坎普拉德还是分给了妻子很大一部分财产。

妻子并没有因此而对坎普拉德心存感激，她甚至不准许坎普拉德去看望女儿，坎普拉德只能在心里想象女儿那可爱的样子。不知道这个女人为什么对坎普拉德如此绝情。但是她自己也并没有因此而获得幸福，离婚后她很快就病倒了，几年以后，坎普拉德的第一任妻子因为早年所患的肺结核而离开了人世。

这次离婚让坎普拉德深受打击，他可以面对工作上的各种困难，因为他认为那是工作中必须经历的事情，并很乐观地把工作中的困难看成是转机，但是他却很难接受生活上的失败，特别是这次离婚还让他失去了自己深爱的女儿。

命运最终让坎普拉德得到了补偿。现在，他和女儿每年见上一两次面，和女儿之间的关系很好，女儿嫁给了一个在建筑公司工作的男孩儿，婚姻很幸福。

后来，坎普拉德在一次意大利的旅途中邂逅了一位年轻的教师玛格丽莎·斯坦纳，并于1963年再次结婚，第二年他有了自己的第一个孩子。从那以后，坎普拉德变成了一个精明、干练的商人，不畏惧任何困难和竞争者。由此也可以看出，家对坎普拉德的影响真的很大，他需要首先安顿好"大后方"，有了稳定的家庭，他才能在生意上大展拳脚。由此也可以看出坎普拉德对感情的重视，这或许也是宜家经营理念的源头。

坎普拉德和妻子玛格丽莎共有三个孩子：彼得·坎普拉德、约纳斯·坎普拉德、马修斯·坎普拉德。这三个孩子是坎普拉德一生的宝贝。

当第一个孩子降生的时候，坎普拉德激动地给他所有的朋友打电话，告诉他们自己初为人父的喜悦，并且，一向以吝啬著称的坎普拉德，竟然邀请自己的朋友来家里狂欢，将香槟的空瓶子摔在墙上听那一声脆响！

然而，坎普拉德谈起自己的三个孩子依然觉得愧疚，他很遗憾由于自己整天忙于生意而很少陪伴孩子们，他感谢玛格丽莎由一个出色的幼稚园教师而变成了一个家庭主妇。他的三个孩子在牙牙学语的时候，在玩乐、打闹的童年时光里，陪在他们身边的是玛格丽莎，而他们的父亲却把自己最美好的时光奉献给了宜家。

孩子们并没有埋怨坎普拉德。老坎普拉德至今都记得那个温馨美好的夜晚，当他忙碌了一天，拖着疲惫的身子回到家，却发现妻子和孩子们都没有睡,而是齐刷刷地坐在沙发上等着自己,孩子们对他说:"爸爸,你实在是太繁忙了,我们很遗憾你有那么多的事情要做,所以我们决定了,我们商量之后一起决定的,我们长大之后都来帮你。"这一瞬间让坎普拉德终身难忘。

其实这也正是坎普拉德期许和矛盾的地方。一方面,他当然希望未来的宜家由自己的孩子们继承,另一方面,他又害怕孩子们由于遗产和权力的问题而卷入痛苦的纷争。毕竟,人性都有劣根性,坎普拉德的遗产不是几万或者几百万,而是上百亿!面对这样庞大的数字,谁也不可能一点不动心;坎普拉德的权力也不仅仅是一个小商场的总经理或者是董事长,而是遍布全球45家宜家商场以及其他所有部门这样一个复杂组织的负责人。所以坎普拉德的担心并不是多余的。

也正是出于这方面的担心,坎普拉德才创建了宜家内部复杂的管理系统,有了这套管理系统几乎任何力量都不能将宜家撼动和摧毁,即使是坎普拉德的继承人,也没有办法分割宜家的资产。为了能够使宜家一直传承下去,坎普拉德真是用心良苦。用他自己的话说:"我们应该要做的,是继承它,而不是毁灭它!"

除此之外,坎普拉德还有一个担心,就是,他希望自己毕生的心血由孩子们继承,但是他不希望孩子们像自己一样,把大部分的时间都奉献给宜家,这意味着一种巨大的牺牲,他们将失去的是自己的兴趣爱好!这是多么矛盾和复杂的心理呀,只有身为全球顶尖集团的负责人的父亲才会有这样的忧虑!

但是孩子们并没有让父亲失望,他们目前虽然都在宜家的管理层工作,但是他们为人低调,言行谨慎。他们虽然出身亿万财富之家,但是他们同样也继承了坎普拉德节俭的习惯,他们从不铺张浪费，并且同老坎普拉德一样，喜欢买二手货，喜欢讨价还价。虽然他们将来理所应当地能够继承一笔丰厚的巨额财产，但让坎普拉德感到欣慰的是，他们三个人不约而同地选择了将财富投入到宜家中，让财富升值。

其实坎普拉德的三个孩子，就是我们所说的"富二代"。有人会想象他们奢华的生活：每天开着豪华跑车到处闲逛，车里还载着靓丽的美女，全身穿着名牌，吃着山珍海味；又或者他们正在国外最有名的高档学府就读金融或者管理，等待着毕业时接任自己的家族企业；再或者他们一进企业就身居要职，每天忙于应酬、谈判、签各种文件。然而……

所有的想象都有些偏离轨道。节俭一生，为公司倾注全部心血的坎普拉德，怎能让孩子过如此的生活。

没有人比坎普拉德三兄弟受过如此多的宜家内部培训。并且，对他们的培训不仅仅是理论上的，坎普拉德要求他们熟悉宜家所有的业务和流程，理论知识全部掌握之后，他们要从底层做起。小坎普拉德们做过汗流浃背的搬运工，做过每天只能站立、微笑的服务员，做过商场的收银员等，几乎宜家的任何职位，他们都做过。

现在，三个孩子都长大了，他们分别在三个不同的地方工作，一个在远东，一个在波兰，一个在加拿大，他们只在公司有重大决定的时候才能碰面——这也可见老坎普阿拉德的用意：三兄弟形成"三足鼎立"之势，可避免因权力过于集中而给宜家带来毁灭性的灾难——看来无论任何时候，坎普拉德都担心他所焦虑的事情真实发生。归根结底，坎普拉德还是一个重感情的人——家庭的和谐，比任何东西都要重要。

三个孩子无论在任何时候都是老坎普拉德最忠实的粉丝，老坎普拉德的意见和想法，对他们有着至关重要的影响，但他们却不完全依赖老坎普拉德，他们都有着自己的想法。实际上，时至今日，即使老坎普拉德已经卸任多年，但是宜家的任何一个人，都不能忽视坎普拉德的存在。

三个孩子目前都在公司的管理层工作，他们愿意接受各种训练，并且喜欢自己的工作，虽然他们渴望得到更多的机会来展示自己，但是，没有一个人觊觎总裁的位子。

3. "一生中最大的错误"

时至今日，仍然有人再次翻出那段历史，在媒体上说事儿。他们的目的或许只是为了炒作。无论怎样，对一个已经86岁的老人而言，这样做是不公平的。

坎普拉德创办了宜家，让全球很多人对家具有了另一种认识，他的宜家和经营理念，影响了整个家具市场，这些都是坎普拉德所做的贡献。至今为止，宜家的文化是进步和多元的，每一位宜家的员工对于自己的公司都表现出了信任和认可。或许，如果经历这段历史的人是一位宜家工厂的工人，那么就不会有人去关注和重复了。

而现在，坎普拉德只是一位安享晚年的老人，过着和许多老年人一样的生活，享受着平凡的天伦之乐。更重要的是，对于曾经的那段历史，坎普拉德并没有逃避，而是选择了勇敢面对。他称那是"年轻时犯下的罪恶"和"一生中最大的错误"。他也早在1994年就详细说明了那段经历，而且作出了真诚的道歉，并寻求谅解。历史总会成为过去。一个人的历史在整个社会乃至全世界的历史长河中，是微不足道的。

如果有些人对一个人的历史无法宽容，那么就请遗忘，这是对一位老人的尊重。每个老人都是一部百科全书，他们的经历是最宝贵的财富。

总有一些媒体人喜欢充当历史事件的考古学家或者叫做"掘墓人"，他们喜欢将那些尘封已久的往事重新挖出来，如果在娱乐界，这叫"爆料"。其实挖出那些陈年旧事对爆料者自己并无太多好处，只是在媒体上掀起轩然大波后，能够娱乐大众。时间是最好的粉刷匠。假以时日，那些被挖掘出来的故事终将再次成为历史，成为人们茶余饭后的谈资。老百姓对于与自己无关的事情能持续关注多久呢？

"掘墓人"还有一个非凡的本事，就是把他们想要的部分无限放大。中国有一个词叫做"断章取义"，可是如果某些媒体应用这一"写作手法"，后果是十分可怕的，因为，将"断章"重新排列组合，甚至能重塑一段新的历史。同一个故事，通过很客观的"断章取义"，能演绎出100个新的故事来。

在1994年的10月，瑞典国家档案局里有一批档案到了解密期，这也是媒体十分关注的事件，一旦档案被解密，就意味着，又有所谓的"真相"付出水面。但是换一个角度去看，既然那些秘密已经到了"解密期"，也就意味着，那些曾经的秘密，已经不那么重要了。可就是有人喜欢抓住历史的小辫子不放，招惹点事端出来。

1994年10月21日，一位媒体记者找到了坎普拉德的助理汉斯·加代尔。汉斯是宜家时任总裁安德斯和坎普拉德两人共同的助理——这是为了使两个在不同地点的领导人能够更好地进行沟通。记者找到汉斯说有重要的事情要面谈，汉斯本来还是不想见面的，但是当那位记者说到是有关"英格达尔"的，那就不能不见了。因为，汉斯早就知道关于"英格达尔"的一切，也就更加明白了问题的严重性。

这件事还得从坎普拉德幼年时期说起。前文中提到过，坎普拉德和祖母的感情十分好，祖母对这个孙子疼爱有加，而坎普拉德的某些思想，也在潜移默化中受祖母深刻的影响。

坎普拉德的祖母和父亲都是亲德主义者，在坎普拉德很小的时候，祖母就经常给他讲述犹太人怎样欺负德国人的故事，而希特勒又是怎样在解救着"苦难中的德国人"，因此，坎普拉德理所当然地认为"伟大的希特勒叔叔"对祖母的亲戚们是多么的友好。

其实，这也可以理解。坎普拉德的祖母在年轻的时候就跟着爷爷私奔来到这片冰原小镇，常年的背井离乡让祖母有很严重的思乡情结，她很久不能回到自己的家乡德国，对那里的情况也不了解，很多事情的真实情况她不得而知，思想上也会有一些偏差。也正是因为和祖母的亲密关系，让坎普拉德也走上了亲德的道路。

正像坎普拉德后来所说的："难道有一位德国的祖母和父亲也是过错吗？有谁知道坎普拉德的悲伤和痛苦？"受到祖母和爸爸的影响的小坎普拉德认为犹太人都是奸诈狡猾、作恶多端的。

在当时，坎普拉德所生活的农场的信箱里，也经常塞满了各种亲德组织寄出的各种广告宣传单，坎普拉德看过之后，觉得和祖母的思想十分相似，因此也就对这些宣传单有着天然的亲切感，并且想要了解更多，于是，他便主动写信索要更多这种免费的资料。

通过这样的途径，坎普拉德开始慢慢认识并逐渐接触了林德赫尔姆党——瑞典最极端的纳粹组织。他甚至还给当时亲德组织的报纸《前方之路》的编辑写过一封言辞恳切的信，信中大意是说他对报纸的内容非常感兴趣，希望能够得到更多这样免费的刊物。

随着坎普拉德对林德赫尔姆党的深入了解，当时新瑞典运动的领导人英格达尔一度成为了坎普拉德所崇拜的偶像。英格达尔是极端的种族主义者，他特别反感犹太人，特别反对种族混合，认为那会带来很糟糕的后果。对英格达尔的崇拜使坎普拉德也开始认为种族混合会带来糟糕的后果。不仅如此，坎普拉德还开始频繁出入新瑞典党。

一次机缘巧合，坎普拉德见到了英格达尔，他们谈得很投机，英格达尔也很欣赏这个信任并崇拜自己的年轻人。在坎普拉德与第一任妻子瓦德琳结婚之前，他们讨论过是否邀请英格达尔出席他们的婚礼，讨论没有结果。就在他们还未作出决定的时候，英格达尔就为坎普拉德寄来了一份厚重的结婚礼物，并为他写了一首祝贺的诗。就这样，坎普拉德向英格达尔寄出了婚礼的邀请函。

这一切都成为了媒体攻击坎普拉德的证据。正是这封邀请函成为了整个事件的导火索，这封邀请函在1994年被刊登在了瑞典最大的报纸《快报》上，一时间引起轩然大波，"坎普拉德勾结纳粹党人"的声音一时间不绝于耳。旁观者乐意热闹，持续关注事件的走向，竞争者更是乐于关注此事，并在适当的时机添油加醋。

其实，坎普拉德所接触到的人并非我们印象中的纳粹党那样残忍、凶暴，他们只是在思想上有亲德倾向。在英格达尔的组织里，找不到一双纳粹党人那样过膝的长筒靴，没有战歌和制服，相互见面时也不说"哈伊，希特勒！"，他们是自由和热情的，最重要的是，他们中的大多数人都富有同情心。

坎普拉德认识的所谓的"纳粹党人",是以他们的人格吸引了坎普拉德,而非政治倾向。相反,有的人虽然在组织里担任重要角色,但因为贪婪和猥琐,使坎普拉德不愿意与其接近。实际上,坎普拉德很容易相信甚至崇拜那些具有他身上所欠缺的气质的人。有时候他所敬重的人,仅仅是一个"单纯的好人"。坎普拉德曾经说:"我觉得自己已经改变了观点,从土生土长的纳粹主义到英格达尔更加'高雅'的法西斯主义。也许在我的内心,这成了一次同魔鬼之间完全充分的对话:我对那段与林德赫尔姆党人交往的日子感到非常耻辱,我甚至从未对我妻子玛格丽莎提起过这件事,它本身也并不是什么好事……不管人们说什么,所有那些事情发生的时候,我还是个孩子。即便我现在能够对那些事情负全责,它们也至少发生在60多年前。我整夜不眠地考虑这些令人抑郁的事情,我不停地问自己:一个人年轻时犯下的错误,什么时候才能得到谅解呢?真的有谁会理解我对自己的错误所产生的后悔与悲伤吗?难道我由一位德国祖母带大,有一位德国父亲,也都成了罪过吗?"

今天我们纵观整个事件,焦点并不在坎普拉德是否与纳粹党人有染,而是整个宜家对待此事的态度颇为耐人寻味。宜家的创始人被推到了负面新闻的风口浪尖,无论如何对整个宜家集团都不是一件好事,或许竞争者正在等待宜家内部的动荡,那时便可趁虚而入,然而他们却没能得偿所愿。

1994年11月,宜家集团的管理层成立了一个"战时委员会"——没错,对宜家而言,这的确是一场战争,不管战争结果如何,坎普拉德都要背水一战。坎普拉德给所有宜家员工写了一封信,他没有逃避,没有掩饰,而是选择勇敢面对,这封信后来被刊登在了《埃尔姆哈尔特论坛报》上。信中有一段是这样写的:

"你们也有过年轻的时候，也许你也会在多年以后发觉，年轻时的一些事有多么荒唐，多么愚蠢。如果真是那样的话，你一定更可以理解坎普拉德此刻的心情。更何况，那都是些五六十年以前的往事了。现在回过头想想，坎普拉德才知道自己早该把这件事也算作一次重大失败的，不过亡羊补牢，还不算晚。"

当事实和真相并不能动摇宜家的时候，有些人就开始"编造事实"——这是黔驴技穷者惯用的伎俩。在瑞典一个小报上，刊登着这样一个"事实"：在宜家创办并扩张的过程中，曾向纳粹组织筹借过资金。

如果说从前的那些攻击，会让坎普拉德感到悲伤和疲惫，那么这条消息，则让坎普拉德彻底愤怒了。因为，坎普拉德一向坚持的原则，就是不欠别人一分钱，这条消息就意味着，坎普拉德的错误不在于政治倾向，而是背叛了自己的原则，后来坎普拉德说："我宁愿他们控告我是杀人犯，也不愿他们说我借钱。"

事实上，这完全是一条胡乱编造的消息，因为在这条"事实"所曝光的时间点上，宜家的总资产已经达到100万——坎普拉德根本就没有借钱的必要。如果继续"深入挖掘"，人们会发现，不仅坎普拉德没有借钱，他还把不应该欠英格达尔的钱给还清了。

在坎普拉德与英格达尔接触最为密切的时候，坎普拉德曾答应为英格达尔编撰一本书，书的名字就叫做《政治教育》，在他们的协议中还包括一项，就是，一旦此书产生利润，就要向英格达尔支付稿酬。实际上，这本书远没有想象的那么畅销，但是坎普拉德每次都需要向英格达尔支付100克朗，这让坎普拉德用了很长一段时间，才还清对英格达尔签下的"债"，而那时的宜家，还仅仅是一家刚刚起步的小公司。

不管他们之间的协议如何，坎普拉德既然已经答应了英格达尔，他就要履行他的诺言——不欠人一分钱的债务——这是坎普拉德一贯的处事原则，因此，那条来自于瑞典小报的消息完全是无稽之谈，面对这一切，坎普拉德怎能不愤怒？而在短短的几分钟后，坎普拉德就流下了激动的泪水，让这个硬汉流泪的，却不是这条编造的谣言，而是一封拿在他手中的信。

这是一封来自宜家内部的信，信的内容也很简单，只有短短的两句话："英格瓦，我们永远和你同在，随时随地支持你。"信的落款，是宜家上百名员工的签名。

这一次的事件虽然对宜家没有太大的影响，但是却成为宜家历史上的一个经典的案例。在危机面前，宜家内部表现出了空前的团结。这和坎普拉德的为人有关，也和坎普拉德对待此类事件的态度有关。在事件的始末被公诸于众之后，他没有选择逃避，更没有企图掩饰，而是勇敢地面对。坎普拉德不止一次在宜家内部写公开信，在信中沉痛忏悔，并向人们坦白整件事情的始末。

人们原谅了一个懵懂的少年所犯下的年少无知的错误，坎普拉德得到的不仅仅是原谅，更是一份信任，一份爱。

一段时间，坎普拉德深陷纳粹风波中，从而使整个宜家都经历了一次前所未有的危机，然而让人感到庆幸的是，宜家经受住了考验，在这场风波中，宜家内部表现出了惊人的团结，可以说，这次虽然是对坎普拉德个人的指责，但是强大的宜家团队给予了坎普拉德坚定的支持和信任，坎普拉德和宜家一起，平安渡过了这次危机。

其实，如果你真的了解坎普拉德，那么根本就无法把他和残忍的纳粹扯上丝毫的关系。相反，这位曾经被人指责为纳粹分子的宜家创始人，倒是有一点点共产主义情结。

坎普拉德对世界上滥用童工的现象有着自己的看法。使用童工固然是不对的，他们那么小，有的甚至刚刚十几岁，就要担负起沉重的负担，他们那稚嫩的肩膀怎能承受那么多，但是对于废弃童工的法律条款，坎普拉德却不完全认同，他觉得，如果所有人都不雇用童工，那些可怜的孩子就没有了经济来源，那么他们的生活将陷入更加艰难的境地。

是的，没有哪个富人家的孩子会出来拼命打工，那些所谓的"童工"全部都是生活艰难的孩子，他们靠着那微薄的收入维持着自己的生存，法律只提不允许使用童工，但是却没有给他们指出另一条生存的道路。为此坎普拉德设立了各种基金会，来真正帮助那些需要帮助的孩子们，特别是远东地区和印度地区的孩子。

人类社会很多时候都是这样，它给那些孤苦无依的人关上了一扇门，但是却没有给他们打开另一扇窗。坎普拉德对这样的人总是充满同情，每当面对这样的事情，他都想要尽自己最大的力量去帮助他们。

无论曾经怎样，一切都过去了，坎普拉德已经安享晚年，或许在未来的日子里，宜家还会经历各种危机，但是，内部的团结就是一块铁板，任凭什么样的攻击，宜家都能应付自如。

4. 坎普拉德素描像

那么现在，我们可以给坎普拉德画一张完整的画像了。

英格瓦·坎普拉德到底是一个什么样的人呢？我们该如何定义他？

定义一个人又谈何容易。笔者思索着，像一个画家想象着自己的模特那样，想要勾勒出一幅坎普拉德完整的画像。

坎普拉德是一位工程师。他从5岁开始，用一生的时间，倾注毕生心血，铸造了一座王国。他对王国的城池雕梁画栋，精琢细刻，终于将其造得固若金汤，坚不可摧。然而做这一切却不是为了御敌，只为他的王国屹立不倒，永远长存。坎普拉德也不是国王。他只是造城的工程师，因为城里的每一个人，都是他的家人。

坎普拉德是一位艺术家。他身上有着艺术家儒雅的气质，也有着艺术家所独有的个性：痴迷于自己所钟爱的事物，对生活充满热情，执着，永不言败，永不妥协，迎难而上。他也有着艺术家非凡的想像力和创造力，拒绝抄袭，拒绝重复，拒绝雷同。

坎普拉德是一位演员。他从不扮演任何人，只演绎最真实的自己。演员最大的特点就是哭、笑都能收放自如。高兴的时候他开怀大笑，从不掩饰，伤心的时候他也会黯然落泪，甚至嚎啕大哭。与人聊天聊到兴起，他会毫无顾忌地张开双臂拥抱对方，即使常常被人误会成"Gay"他也从不介意。

坎普拉德是一个"抠门大王"。然而他只对自己"抠门"，对待朋友和同事，他却大方得很。如果你去询问宜家的任何一位中层以上的员工，他们都会告诉你："我得到的已经够多的了，坎普拉德并没有苛扣我什么。"他的朋友们更是没有一个因为金钱而离开宜家。他只是爱节俭，不喜欢奢华和浪费，因为他是白手起家的，他懂得创业的艰辛，更懂得守业的艰难。

坎普拉德是一位工作狂。他把工作看得比生命还重要，可以说，如果没有了工作，坎普拉德将会生不如死。不会有哪一位老板比坎普拉德更加热爱自己的工作了，他把宜家当成自己的家，把办公室当成自己的卧室。然而他却不是只会工作的机器，他有多爱宜家，就有多爱自己的家。家对这个工作狂来说实在太重要了，那是自己温馨的港湾，如果没有了港湾，工作中的他会像一叶孤寂的小舟，四处漂泊，不知该停靠在何处。

坎普拉德是一个妄想家。他的头脑中会忽然涌现出许许多多的想法，他用各种各样的理由激励自己，再用一句话将自己推翻。在他的内心经常做这样的"颠来倒去"，一旦形成一整套完整而清晰的思路，他会兴奋地手舞足蹈，举杯庆祝。正因如此，创新的灵感经常来自于那个永不停歇的脑袋，让宜家的产品总是能够引领潮流。

坎普拉德是一个实干家。他有着很强的行动力，一旦有了想法，他就会毫不犹豫地去做。如果只是停留在想象，也就不可能有后来的宜家。敢想敢做，才是一个成功者必备的素质。善于抓住机会，迎接挑战，因此，他总能让自己在困境中崛起。实干家更习惯看到年轻人的奋斗，即使意识到他们犯错误，只要不是致命的，他也会默不作声。如同让·奥林所说，有时候他只是在一边等着"绳子用到尽头"，从而一劳永逸地证明什么是对什么是错——与什么都不做相比，他更喜欢他们犯点错误。

坎普拉德是一位哲学家。宜家的管理手段、经营思路无不充满着哲学的意味，只有热爱生活的人，才能用哲学的思维去对待生活。特别是宜家的所有权结构，那是坎普拉德独创的一套管理系统，至今已经引起了世界范围内的各种研究，有人甚至为宜家的管理结构而著书。

坎普拉德是一个"独裁者"。宜家真正的主人只有一位，也只能有一位，就是坎普拉德。在未来的日子里，无论宜家CEO的位置上留下过多少人的身影，坎普拉德的影响永远也无法磨灭。坎普拉德的"独裁"，不是源自于他的强势，而是人们对他的认同和热爱。这位"独裁者"善于聆听，待人十分亲切。他身处最前沿，同时也站在最后方，他既是将军，又是士兵，在他的队伍里，他热衷于培养有才华的底层员工，提拔他们进入管理层。

然而不管怎样，坎普拉德始终是一位商人，只不过，他贩卖的不是商品，而是生活！

5. 没有坎普拉德的后宜家时代

2012年的9月17日，宜家的一位对外发言人宣称，坎普拉德已经将自己的权杖交给了他的三个儿子，他将不再担任宜家的任何职务，也不会对宜家的事务发表任何意见。自此，宜家正式开启了没有坎普拉德的时代。

对于自己一手创办的企业，坎普拉德依然执着地热爱着。是啊，怎能不爱，经历了多少风风雨雨走到今天，其中的滋味只有自己最能体会。然而，毕竟是已近耄耋的老人，无论有着怎样的感情，也必须放手。其实坎普拉德自己也很清楚，只有放手，这个孩子才能变得更加强大。

现在的宜家，由坎普拉德的三个儿子分别掌管。坎普拉德早年对公司内部结构的设计巧妙而又复杂——宜家集团、宜家基金会、英式控股集团三者相互关联又相互制衡，三个儿子分别执掌其一，稳定的"铁三角"让今天的宜家固若金汤，绝对不会因为争权夺势而引起内部分裂。

其实坎普拉德并没有"离开"。在宜家，没人觉得坎普拉德已经退休，宜家总部甚至还保留着坎普拉德的办公室，里面经过简单的装修，摆放着几件宜家家具，在这间办公室里你能看到著名的比利书架、卡米拉椅子、西格纳书桌。而坎普拉德的存在不仅仅在于那些有姓名的物件，他的精神长长久久地留在了宜家。

宜家依然"永不上市"，因为这是坎普拉德所一直坚持的原则。上市就意味着很多东西需要"公开化"和"透明化"，这样就有可能对宜家的运作体系造成损伤，还会使一些股东只重眼前利益而不顾长远发展。宜家想要保持资金的自持，不想受到外界的干扰。

宜家的企业文化依然浓厚。坎普拉德所留下来的简单、节约的习惯依然存在；轻松的工作氛围依然存在；依然重视人才，重视员工的个人利益，重视以人为本，不搞官僚主义。这一切都来自于坎普拉德的精神世界。可以说，今天的宜家，就是一个被无限放大了的坎普拉德。

宜家对社会依然有着强烈的责任感。宜家基金会是联合国儿童基金会最大的捐助者。宜家反对一切投机行为，提倡把所有精力都用在企业运营上，质量才是硬道理，因为坎普拉德的一生都在踏踏实实做事，简简单单做人。

宜家自创办以来，走过70余年的风雨历程。70岁，对于一个人，已经是古稀之年，然而对于一个企业，却正值壮年，他有着旺盛的生命力，有着一往无前的精神，或许也会有迷茫，有失落，但前进的脚步没有任何人能够阻挡。

宜家引以为傲的，除了低廉的价格，就是过硬的产品质量，二者无论丢失了哪一个，都会让宜家付出惨痛的代价。尽管为了企业能够长长久久地发展，坎普拉德费劲心血，尽管宜家内部的结构稳如泰山，可是来自于外部的力量同样可以将宜家瓦解，这力量就来自于消费者以及媒体。

科技高速发展时代，信息传播的力量是惊人的。2008年至2011年，不断发生的宜家商品召回事件，着实让大家为宜家捏了一把汗。许多人不禁会问：宜家怎么了？我们还能够信赖宜家吗？

宜家给出的答案是"Yes"！发展到如此程度的跨国集团，他所生产的产品种类繁多，供应商的数量更是庞大，难免有些供应商没有按照宜家的要求去做。但这并不意味着产品质量出现问题可以原谅。宜家决不允许有任何伤害消费者利益的事情发生！

宜家能够召回自己的产品，恰恰说明了他的诚意。媒体的负面新闻报道没有让人们失去对宜家的信心，反而更加热烈地追捧，宜家的销售额依然蒸蒸日上！因为这是坎普拉德的宜家，如果不能够延续坎普拉德所缔造的理念，宜家，怎能成为我们所钟爱的生活梦想家？

当发生这一切的时候，坎普拉德正在自己小小的庄园里，摆弄着葡萄架。本来，玛格丽莎在他们的住所种植葡萄，是为了给家增添一些田园气息，也能让坎普拉德退休之后有事可做。但是让玛格丽莎感到哭笑不得的是，坎普拉德竟然开始担心葡萄的收成！

如今的坎普拉德，已经年近90岁高龄。如果你问他，退休的生活感觉如何，他会告诉你："我忙到没有时间死。"或许对每一件自己倾注了心血的事物坎普拉德都会恋恋不舍，他期待着付出之后的回报，但也不会因为一无所获而萎靡不振。

1943年的那一天，在一个小厨房里诞生了宜家。时至今日，宜家集团能否继续强大、继续扩张，能否如坎普拉德所愿永世长存，只有时间知道答案。历史的喧嚣不会将坎普拉德的故事淹没，宜家也会随着商业巨轮的滚滚向前而渐行渐远。

从瑞典的小作坊发展到年收入200亿欧元的企业，宜家只花了不到60年的时间。它开创了组装家具的新潮流，让城市化的一代人能够买到平价而美观的家具；它也是北欧设计最有力的推手——把简约风格带到全世界，并大获成功。宜家不仅是家具零售商，也是生活方式零售商，他把关于"家"的梦想卖给客户，并把自己的LOGO嵌入到每个人的生活中之中。

附录

坎普拉德生平

1926年，英格瓦·坎普拉德出生在瑞典艾尔姆哈尔特边上普加特瑞德教区的红十字助产室里。1933年，坎普拉德全家迁入艾尔姆特瑞德地区。

坎普拉德爷爷奶奶的婚姻由于家庭地位的差异而没能得到家人的认可，两人私奔来到了那个叫做斯马兰的小镇之上，从此在这里生根、发芽。没人能够预测未来，谁也不会知道，就在这片贫瘠的土地上，会崛起一个商业帝国——宜家。

5岁的坎普拉德做成了第一笔火柴生意，从此一发不可收拾，开始贩卖各种诸如钢笔、圣诞卡片、墙帷之类的小物件，他成了冰原之上的"小小杂货郎"。出生在商人家庭的坎普拉德骨子里就有着经商的"基因"，从他的幼年开始，坎普拉德就对赚钱有着浓厚的兴趣。或许在5岁的时候，小坎普拉德的梦想，就是成为一个成功的商人。

10岁那年的一天，坎普拉德和父亲一起散步，父亲曾指着一片林地对他说："我很想在这里修一条路，但是那需要很多钱。"或许是被父亲向往和遗憾的眼神所感染，小坎普拉德懂得了钱的重要性，他想要赚很多很多钱来帮助父亲实现这个愿望。

11岁那年，坎普拉德从纳斯约的皮尔森公司购进了一批花种，对于一个11岁的少年而言，那是一笔很大的买卖，坎普拉德获得了自己的第一桶金。他将母亲送给自己的那辆旧自行车换成了一辆崭新的赛车，并给自己购买了一台打字机。

在坎普拉德17岁的时候，他用父亲送的生日礼物创办了属于自己的公司——宜家。起初，他的公司仍然只是经营一些小的生活用品，看上去更像是一家大的杂货铺。

1943年春天，坎普拉德决定在去哥德堡商学院上学前创办自己的公司，但由于他当时只有17岁，申办公司必须首先得到监护人的许可。于是，他求助于叔叔埃里克。

叔叔并没有认为坎普拉德的想法是天方夜谭，而是像对待自己的朋友一样，一心一意地帮助他。叔叔将坎普拉德领进家中的厨房，先给他倒上一杯咖啡，然后坐在桌子旁说："孩子，你仔细讲一讲，你究竟想办个什么样的公司。"当坎普拉德将心中的计划全部讲一遍后，叔叔沉思了一会儿，同意了他的请求。就这样，后来大名鼎鼎的宜家，就在叔叔家的厨房里诞生了。

宜家创办之初，还只是个家庭产业，凡是坎普拉德认为可以低价吸引顾客的商品，宜家都出售。它卖过的商品包括铅笔、钱包、相架、手表、珠宝、尼龙袜等。1951年，坎普拉德决定停止其他产品的销售，主攻低价家具的生产和销售，现代意义上的宜家在那时正式出现。

在坎普拉德29岁的时候，宜家开始自己设计家具，说起来有些尴尬，因为宜家最初决定自己设计家具并不是别出心裁或者其他创意，而是为了降低成本，抬高利润。然而歪打正着，此举不仅达到了节约成本的目的，更使宜家家具有了自己的风格。坎普拉德给所有宜家家居店立下一条规矩：一切货物都摆在架子上让顾客自取，家具一律采取扁平式包装，便于运输，顾客回家只要按图组装就行。宜家的自助式组装家具的最初概念就是那时形成的，至今已沿用了半个世纪。

1963年，37岁的坎普拉德把瑞典之外的第一家店开在了挪威首都奥斯陆。此后，宜家的规模一直不断扩大，从瑞典的斯马兰小镇，一步一步地走向了世界。

应该说每一个企业的成长之路都不平坦。宜家也是如此，在60多年间，坎普拉德也经历了各种各样的波折，一场政治风波，曾一度使宜家陷入危机，但是坎普拉德用他的坦诚赢得人们的信任和尊敬，也使宜家逐渐走出困境，成为了世界家具市场的龙头企业。

晚年的坎普拉德和妻子生活在瑞典一幢普通的别墅里，过着温馨的"退休"生活，他像所有的老人一样，在自己的日子里，安心地颐养天年。创建了一个商业帝国又怎样，我们看过太多这样的名人故事，在企业逐渐走向强大之后功成身退，包括微软创始人比尔·盖茨。聪明人总是不会在财富中迷失自己，更不会让生活被金钱束缚。更何况，那个叫英格瓦·坎普拉德的人，本来就是一个经营生活的人。

坎普拉德年表

1926年，英格瓦·坎普拉德出生在瑞典南部的斯马兰小镇上。他的诞生并没有什么特别，也没有任何传奇色彩。

1930年，坎普拉德5岁，有着和其他人一样的快乐童年。一次卖火柴的经历埋下了坎普拉德梦想的种子，从此，他成为了一个"小杂货郎"，卖本、笔、眼镜等各种小生活用品，并且经营范围不断扩大。那时坎普拉德虽然没有想到要创办公司，但是他体会到了营销的快乐。

1943年，在埃里克叔叔家的厨房里，宜家诞生了。那一年，坎普拉德17岁，创立了宜家。这个年轻的老板虽然拥有了属于自己的公司，但依然一个人经营着各种杂货——钢笔、皮夹子、画框、装饰性桌布、手表、珠宝以及尼龙袜等几乎坎普拉德能够想到的任何低价格产品。

1945年，坎普拉德在当地的一家报纸上打出了第一条招聘广告，从此，坎普拉德有了助手，宜家实现了从只有坎普拉德一个人到有雇员、有老板的正规公司的转变。

同年，坎普拉德收购牛奶运输车，利用牛奶车的运输网络，形成了自己独特的营销渠道。

1946年，坎普拉德同当时的《农场主周报》一起寄出了一份增刊，上面记录了自己销售的所有商品的价格、种类等，这就是宜家商品目录的雏形。

1947年，坎普拉德为宜家找到了属于自己的定位——家具——一颗家具行业的新星正在冉冉升起。

1951年，坎普拉德出版了第一本真正的宜家商品目录，此目录后来的发行量曾一度超过了《圣经》。

1953年，坎普拉德首创了开放式展销家具的模式，并将这一传统保留至今。

1955年，坎普拉德在同行不正当竞争的市场环境下，迫不得已开始让宜家自主设计家具，虽然在当时是无奈之举，但却带来了宜家家具独有的特色。源源不断的创意从宜家涌出，人们不约而同地选择了宜家。

同年，由于宜家的一位首席设计师偶然卸下的桌子腿，从此诞生了宜家首创的"扁平式包装"。这种包装手法不仅节省了空间及运输成本，还给消费者带去了DIY的乐趣。

1958年，坎普拉德在阿姆霍特创建第一家宜家商场。6700平方米的建筑规模，是当时北欧最大的家具展示场所。

1961年，坎普拉德带领宜家走进波兰，开始了海外扩张的第一步。

1963年，坎普拉德在挪威的奥斯陆开设了第一家宜家分店。

同年，坎普拉德和他的第二任妻子玛格丽莎走进婚姻殿堂。

1973年，宜家开始了迁徙之旅，坎普拉德全家迁往丹麦。

1974年，坎普拉德带领宜家进入全球最大的德国家具市场。

1975年，坎普拉德在澳大利亚开设宜家分店。

1976年，坎普拉德在加拿大开设宜家分店。

1977年，坎普拉德在奥地利开设宜家分店。

1979年，坎普拉德在荷兰开设宜家分店，并将总部移居荷兰。

1980年，联合国将1980年定名为"儿童年"，同时，坎普拉德将1980年定名为"儿童起居室"年。

1982年，坎普拉德组建英式基金。

1983年，坎普拉德获得隆德大学荣誉博士学位。

1986年，创始人坎普拉德退位，由安德斯·莫伯格继位。但是坎普拉德以"高级顾问"的名义继续留在宜家，并在宜家有着不可忽视的地位。

1993年，在坎普拉德的领导下，宜家在25个国家共开办114家商场。

1994年，丘比思储物单元诞生。这是宜家最早使用框架板制造的产品之一。坎普拉德总是试图深入实地进行产品开发，以生产美观实用、老百姓买得起的产品。框架板不仅可以降低宜家的成本，最重要的是它环保。

1997年，坎普拉德在宜家商场设立了首个儿童游戏区并配有儿童样板间，在餐厅专门备有儿童食品，所有这些都得到孩子们的喜爱，使他们更乐意光顾宜家。

1998年，宜家进入中国，在北京开办第一家商场，但是最初营业额却没有达到预期效果。

1999年，宜家在世界上四大洲29个国家150家商场共有员工53000名。宜家的创始人英格瓦·坎普拉德发起了"十分感谢你们"的活动，作为对宜家集团内部广大员工新千年的奖赏。在这个特别的日子里，宜家在全世界范围内的全部销售额都分给了员工。所有员工，从餐厅工作人员到仓库工作人员以及宜家集团总裁等，都得到了同样的奖金。对大多数员工来说，奖金比一个月的工资还要多。这是一种感谢宜家员工在上个世纪里为宜家的成功所做贡献的最好的方式。

2001年，宜家成立自己的铁路公司，宜家铁路（IKEA Rail）开始运营。

2003年，宜家获取了110亿欧元的销售收入和超过11亿欧元的净利润，成为全球最大的家居用品零售商。

2010年，截至2010年8月31日，宜家集团共有280家店，分布在26个国家。

2012年，宜家净利润超过25亿欧元。